わかりやすく説明する力と問題解決力が、1冊でビシッと身につく本

知的習慣探求舎

PHP研究所

JN283859

はじめに

できる人が必ず持っている2つのスキルをスピードマスター！

あなたは次のようなことを考えたことはないだろうか。

1. 自分の意図をもっと的確に人に伝えたい。

2. 問題解決のための思考プロセスをサクッと学びたい。

この本には「わかりやすく説明する力」と「問題解決力」の本格的なノウハウが1冊に集約されている。読めばこの2つの力が効率的に身につき、すぐに仕事で目に見える成果が出るに違いない。

第1部「説明する力」編では、上司への説明のコツ、プレゼンテーションや文書・メールのテクニック、交渉術、人を引き込み信頼をかちとるトークや会話の方法など、あなたを説明の達人にする強力なスキルを紹介する。

毎日の職場や取引先とのコミュニケーションに苦手意識を感じている人、説明をした相手から「要点がわかりにくい」などと指摘されたことがある人、モテる会話力を身につけたい人には、役に立つ情報がぎっしり詰まっている。

第2部「問題解決力」編では、毎日の仕事や生活の中で生じるさまざまな「問題」に対処するための武器となる思考技術を紹介する。論理思考、問題発見の方法、フレームワークによる分析法、障害への対処の仕方など、「問題」が起きたときに何をどう考え、どのように解決すればいいか、という思考プロセスを学び、自分のものにできるよう工夫を凝らして解説している。

この本ではできるだけ簡潔な説明を心がけ、1つのテーマは2ページで終わるようにした。各章の最後には「力試しテスト」をつけた。

2つのスキルはあなたを見違えるほどパワーアップさせるはずだ。

目次

第4章 トークの達人ワザ ——相手を引き込み、信頼をかちとる

第5章 好かれる会話術
——話し方、アイコンタクト、声など

第2部 「問題解決力」編

第6章 入門！ 問題解決力 ——問題解決力こそ成功のカギ

第7章 考える力 ――論理思考の技術を身につける

第8章 発見する力 ――現象の奥に本質を見つける

第9章 分析する力 ——フレームワークを使いこなす

編集　（株）グレイル
執筆　民井雅弘
本文デザイン　二宮貴子（jam succa）
装丁　一瀬錠二（Art of NOISE）
図版イラスト　瀬戸奈津子（HOPBOX）

第1部

「説明する力」編

「説明する力」をつけて信頼される人になる！

あなたは毎日、仕事で誰かに何かを「説明」しているに違いない。相手は上司、同僚、部下、取引先などだろう。複数の人にプレゼンしたり、顧客に何かを提案したり交渉しているかもしれない。初対面の人と会って挨拶したり、クレームへの対応に駆り出されているかもしれない。

第1部［説明する力］編では、仕事と人生のいろいろな場面で使えるコミュニケーションの技術をとりあげている。

自分の用件や意見・主張を「わかりやすく」伝えるノウハウ、あなたの目的に向けて相手を動かす交渉のテクニック、さらに会話を通じて相手の好意や信頼をかちとる技術までを解説する。

あなたは「きみの説明は結論が見えない」「長い」「難しい」「退屈だ」などと言われたことがないだろうか。もし自分の意図が相手にうまく伝わる方法や、もっとトークで相手をうまくのせる方法、楽しい雰囲気の中で交渉を進めるやり方を見つけたいなら、本書の中にその答えが見つかるだろう。
上司、顧客、部下、友人たちの反応は明日から変わるはずだ。

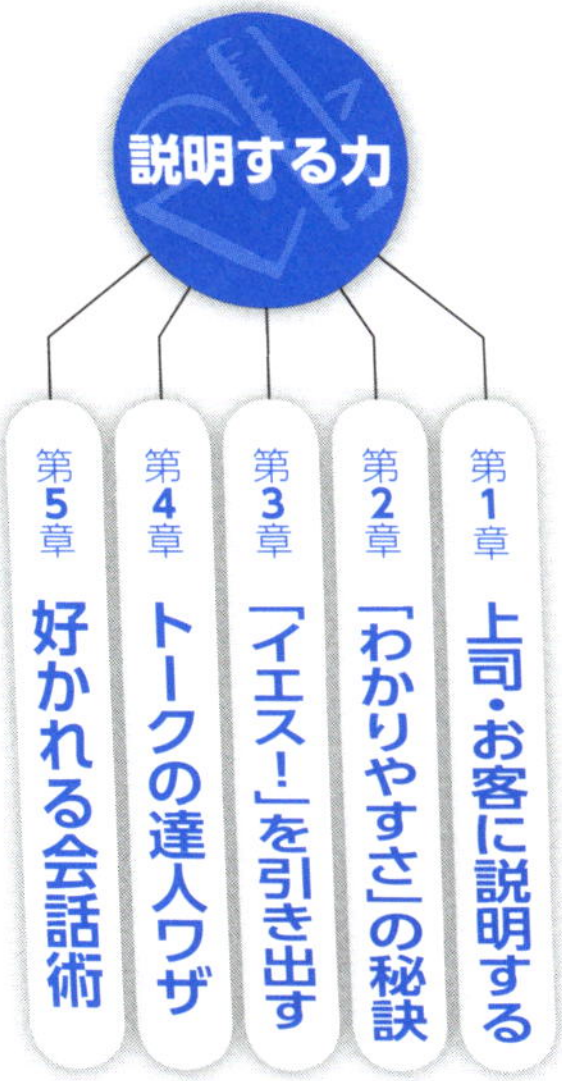

説明する力
第1章 上司・お客に説明する
第2章 「わかりやすさ」の秘訣
第3章 「イエス!」を引き出す
第4章 トークの達人ワザ
第5章 好かれる会話術

第1部

第1章 上司・お客に説明する

～今この瞬間から説明上手になる～

長くするほどわかりにくくなる。大事な件は1分で話す

時間をかけて一生懸命に説明したはずなのに、上司がわかってくれない。そんなとき、まず考えるべきことは、「**長く話せば話すほど話はわかりにくくなる**」という原則である。

今自分が受けもっている仕事がなかなか進まず、デッドラインが3日後に迫っている。自分ひとりではどうもないので、B班の人材を回して助けてほしい。このような用件の場合、してはいけないのがこんな話し方だ。

「締め切りがもうすぐですが、現在、別の仕事も立て込んできて、とにかく忙しくて、例の件がなかなか進みません。それで御相談があるのですが、例えばB班の人を……」

自分の言いたいことが上司に伝わらなかった理由ははっきりしている。**だらだらと話が長いだけで、何をいちばん言いたいのか、その上司がわからなかったからだ。**

こんな話し方では、上司からは「もっと頑張れ」とハッパをかけられるのがおちだろう。

大事な用件は1分で話す

言いたいことを確実に伝えたいなら、話はできる限り短くし、長くても「1分で話す」ことを心がけるべきだ。そのためには、伝えたいことを**ひとつに絞る**ことが重要だ。

ここでの最大テーマは、助けがほしいという「**お願い**」である。よくやる例が理由を並べ立てることだ。情報を増やせば伝わりやすいと考えがちだが、逆に情報を増やせば増やすほど相手にはわかりにくくなる。

「お願いしたい件があります」と単刀直入に切り出し、次に人手を増やしてほしいことと、その理由を述べる。誰かに負担がかかる用件ほど、ダイレクトに、手短に話すことが重要になる。

最初のフレーズでこちらに引き込む「つかみ」トークのテクニック

最初に相手の心をつかみとるようなひと言は、説明力の大きな武器になる。文字通り「つかみ」といわれるトーク・テクニックである。

このテクニックは、とくに多人数に聞いてもらうプレゼンテーションや、時間がかかりそうな難しい提案などをお客にする場合に威力を発揮する。

聞く側は、話が長くなりそうなとき、最初から集中して聞く態勢にはなっていないものだ。話す側も徐々に自分のペースになればいいと考えがちだが、それは大きな間違い。

芸人が最初に「つかみ」で笑いをとろうとするのは、聴衆の心を途中からつかむことがいかに難しいかをよく知っているからだ。そこで**インパクトのあるフレーズを冒頭に置いて、話し手の世界に聞く人を引き込むこと**が重要になる。

例えば、こんなフレーズから始めたらどうだろう。

「つかみ」で引き込む

「価格を10分の1に下げる方法があります」

「何を言い出すんだろう！」「それって本当？」などと、聞く人は最初からその話に興味を持つはずだ。

この「つかみ」はいわば「撒《ま》き餌《え》」のようなものだ。意外性のある他社の成功話、実現がなかなか難しい理想論、可能性の話でもいい。とにかく「聞く人を自分の世界に引き寄せる」ことができればいい。

重要なことは、話の内容や方向性を示唆し、「これから興味深い話をする」という決意を伝えることだ。

「つかみ」によって、それをはっきり表現することが重要なのだ。

結論を説明の冒頭に置く。「起承転結」は忘れよう

相手を納得させる説明に「起承転結」はいらない。話の冒頭に「つかみ」を置くことは、聞く人の気持ちをぐっと引き寄せることだ。同様になるべく話の前段階で「結論」を述べ、自分の説明に、相手を「同期」させるべきなのだ。

話し方のオーソドックスな流れとして、導入から始まり途中にヤマ場を置いて結論に至る「起承転結」がある。順序立てて論理を進行させやすく話を組み立てやすいといわれる。

しかし、**シンプル&スピーディーが重要であるビジネス・トークでは、まず単刀直入に明確な結論を述べるほうが正解だ。**序論から始めて論拠を固めながらようやく結論に至るという話し方は、講演や発表会ならまだしも、切実に相手を納得させたい場では、相手がまだるっこしく感じてしまう。

「最初に結論を申し上げます」「その理由は3つあります」

結論から話せ

結論で引きつけられれば……
この計画で売り上げはUP!
結論!
聞くためのスイッチが入る

引きつけたあとは
しっかりとその理由を説明する

「結論ありき」で説明を始め、その結論を導く論拠をすぐに切り出して、結論を固めていくという話し方がベストである。

ただし、この説明の仕方がどんなときでも有効というわけではない。突然、意見を求められたり、その結論にもうひとつ自信が持てなかったりする場合だ。

そんなときは、無理に結論を最初に押し出してはいけない。結論に無理があると、論理に矛盾が生じたり、混乱を招いたりするばかりだ。このような場合は、それが現時点の自分の結論であることをはっきり述べるか、「結論が出ていないという結論」を置くことも大切である。

接続詞が多い説明はわかりにくい。短文を論理的につないでいく

だらだらと長く続く文章やフレーズはわかりにくい。そればかりではなく、長い文にはさまざまな問題がある。

まず、「そして……」「ですが……」などのように、**接続詞**を多く使って話をつないでいくとテンポの軽快さが失われる。**相手を納得させたい説明には、句点（。）で終わる短文を重ねていくほうが全体にリズムが生まれ、聞く側にとってもわかりやすい。**

次に、長い文はその中に主語と述語がある話題を複数含むことになり、論理的につないでいくことが難しくなる。論理的でない文がわかりにくいのは当たり前だ。

そもそも日本語は「です」「ではありません」のように、最後の言葉で意味が確定する言葉である。聞く側は最初の主語を忘れないで、最後の言葉を聞いたときに、全体が理解できる構造になっている。つまり、文が長ければ長いだけ集中を強いられる。反対に、相手に負

接続詞でつなげず、短文で話す

荷をかけない説明がいい説明なのである。

説明力をアップさせるためには、**接続詞を極力少なくする**ことが重要だ。ひとつの文章とは、主語と述語がひとつで完結したもの。これを積み重ねて着実に相手へ届けるように話すことだ。

ついつい「ですから」とか「そして」などのつなぎ言葉を入れたくなるものだが、一文が短くても論理的につながっていれば不自然ではない。

どこかおかしければ、論理性がないということなので、全体の趣旨や言葉を再検討する。短文を積み重ねていくことは、自分の発言に論理力をつけることにもなる。

「でも」「だけど」などのネガティブな言葉は使用禁止

文章を短くしてシンプルに説明するのが基本だが、文と文を接続詞でつなぎたいときもある。しかし、接続詞には使ってはいけないものがある。「**でも**」「**だけど**」といった言葉だ。

「私はA案を主張しました。でも、B案を推す意見が多くて……」

「でも」の次にくるのは、言い訳である。**逆接語は聞き手にネガティブな印象を与える**ので永久禁止にするべきだ。同じように逆接語である「が」も、やはり多用すると論理が複雑になってくるばかりではなく、順接の意味で使う人も多いので要注意だ。

「クレームにすばやく対応できます**が**、ニーズの掘り起こしにも役立っています」

このような「が」の使い方は、逆接的に聞こえてしまう。「クレームにすばやく対応します。その上、ニーズの掘り起こしにも……」のように文をいったん区切るか、「クレームにすばやく対応できますし、ニーズの掘り起こしにも……」のように続けるほうがわかりやすい。

逆接語を使ってはいけない

ネガティブな印象
否定されてる気分
しかしですね
でも…
そうですが
インパクトが弱まる
たいした話じゃないなぁ
ふあ…
実は!!
つまり
実はつまり!
ところで

接続詞には、ほかにも、多用すると全体のトーンが下がったり、論理が紛らわしくなったりするものがある。「**ところで**」「**さて**」といった言葉だ。それまでの話の否定や、話を打ち切るように聞こえてしまう。「別の視点があります」など、はっきりと話が展開していくように話すべきである。

「実は……」「つまり……」にも気をつけたい。話を印象づけたいときなどに使いがちだが、何回も使うとかえってインパクトが薄まって軽いイメージになってしまう。

使うなら最後の最後。聞く人に強い印象を残す「ここぞというとき」以外は使うべきではない。

自分の得意分野ではなく**相手の土俵**に上がって説明しよう

一生懸命に説明しても、相手の反応が返ってこなかったり、手応えを感じられなかったりする場合は、自分が根本的な間違いを犯していないか考えるべきだ。

まず、「**自分の土俵**」に相手を無理に上げていないだろうか。「自分の土俵」とは、あなたがよく知っていて相手を納得させやすいと「自分が思っている」世界のことである。

例えば、多くの人がビジネス・シーンでも使い始めたフェイスブックのことを「つかみ」にもってきたとしよう。たしかに話題性が大きく、興味を持ってくれる人間は多いだろう。しかし、名前は知っていてもフェイスブックを使っていない人にとっては、その話は興味を引かず、「つかみ」としての効果はない。

大切なことは、**自分の与《くみ》しやすい世界ではなく、相手の土俵に上がっていくこと。相手がどんなことに興味があり、どんな言葉を使い、どんなふうに理解しているかなどを考えて、**

「相手の土俵」で説明する

こっちで話しましょう
ムリに自分の土俵に呼び込もうとしてはいけない
……
Welcome
自分の土俵
News
相手の土俵に飛び込むべき
いろいろ教えて下さい
相手の土俵

相手の立場になりきることである。

相手がフェイスブックを使っていないなら、その人はどんなメディア、情報ソースに関心があるのか。例えば、ニュースならNHKのニュースにいちばん信頼を置いているのかもしれない。

それがわかったら、朝のNHKニュースを見るように心がけて、その中で印象的な話題を持ち出せば、その人との距離はぐっと縮まるはずだ。

基本的に**人間は同じ興味を持つ人間を仲間とみなし、好意をいだく**ものだ。

相手の真似をすることや、相手の思考法、趣味などに寄り添ってみることも必要だ。

メール文は「**過去・現在・未来**」で構成するとハッキリ伝わる

相手にわかりやすいメールを書くためには3つのポイントがある。**「過去・現在・未来」を明確にすることだ。この順番で文を書くと説明力の高いメールになる。**

「**過去**」とは、このメールがどんな用向きのものか、相手に、今までの過程や到達点をすばやく思い出してもらう部分だ。

「先日、課内の打ち合わせで要検討となったデザインの件です」

次に「**現在**」とは、現在の客観的な状況を報告する部分である。

「担当グループで話し合いました。デザイナーを変更することで意見がまとまりました」

「**未来**」とは、これからどのように進めるのか、今後の予定や方向性を伝える部分。「今週中に新しいデザイナー候補を出します」といった内容で締めくくる。

主観や感想を入れず、事実とその仕事の流れを簡潔に書くことを心がけるべきだ。

「過去・現在・未来」の順に書く

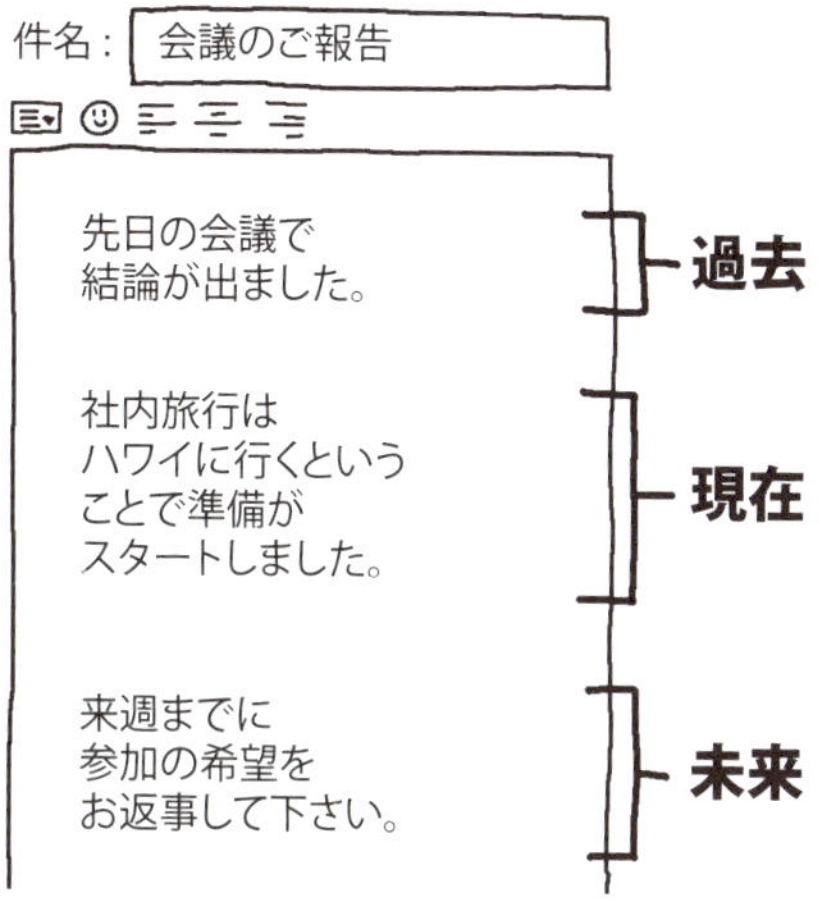
件名：会議のご報告
先日の会議で
結論が出ました。
過去
社内旅行は
ハワイに行くという
ことで準備が
スタートしました。
現在
来週までに
参加の希望を
お返事して下さい。
未来

メールには速報性があり、情報を簡単に共有できる。だからこそ**事実をシンプルにわかりやすく伝える**ことが最重要になる。

そのためには、相手の把握しやすい3つの大きな構成に落とし込み、「過去・現在・未来」の時間軸で整理すると相手に伝わりやすくなる。

大事なことは、「すでに起きたこと」「これから起きること」「すでに知っていること」「まだ知らないこと」をはっきり伝え、「共通認識」をつくることだ。

わかりやすいメールが書ける人間は、「仕事もできる」という評価につながっていくはずだ。

文のまとまりごとに「番号をつける」というテクニック

メールを送るときに、最も簡単で相手にわかりやすいスタイルがある。それが文に番号をふることだ。

全体の構成は28ページで取り上げたように「過去・現在・未来」の3つに絞ると相手に伝わりやすい文になる。連絡事項などを伝える場合は、**一文ごとに番号がついていると、要素のもれがなく、構成が明快な文章を書くことができるだけでなく、相手も番号がついていることで確認がしやすくなる。**

①出張の目的、②日時、③経路、④随行人員、⑤宿泊場所……といった書き方だ。

受け取った相手は、疑問などがあれば「③の件ですが……」などとスピーディーに確認することができる。

文に番号をふることは、長くなる報告書などを書く場合などにも有効な方法だ。

文は「まとまり」ごとに番号をふる

報告などでは
情報
情報
情報
情報や事実を
結論につなげて行く
結論
メールでは
2の件ですが
①出張の目的
②日時
③経路
④随行人員
⑤宿泊場所
2の件ですね
番号をふれば話しやすい

ビジネス・トークでは、はじめに結論を述べることが原則だが、結論がはっきりと出ない報告のような場合は、そのことにこだわるべきではない。

　結論を出すには、きちんとした理由と論理的な導き方が必要となり、それなりの時間と労力がかかる。

　速やかに提出するべき報告書などでは、論理をしっかりと構成するかわりに、**ひとつずつ情報や事実を並べて結論につなげていく方法**でもよい。これならそれほど時間や手間がかからないので、手早くまとめることができる。その際、番号がふってあると、相手も方向性や論拠がたどりやすい。

忙しい上司への相談では、**切り出し方**にコツがある

上司に相談したいことがあるが、いつも忙しくしている上司にはどうも声をかけにくい。どのように話を切り出したらいいかわからない。そんなことを感じたことはないだろうか。

上司に大事なことを伝えたいと思っても、その上司はたえずあなたのことを最優先に考えているわけではない。立場が上になればなるほど、さまざまな場面で責任が生じ、仕事に追われている。いきなり部下から話を長々とされても迷惑するだけである。

あなたがするべきことは、まず、相手に話を聞く態勢をつくらせること。**重要な点は、「この話は重要で短い」ことが相手にわかることである。**

「……の件についてお話ししたいことがあります。問題点が3つありまして、5分で結構ですので、お時間をいただけませんか」

このように話すことによって、上司は**5分**という時間の前提ができて次の予定が立つ。さ

話が「重要で短い」と先に伝える

具体性のない話し方だと
用件が伝わらない

やりとりが簡潔におさまり
聞き手の心の準備もできる

らにこの話は内容が**3つ**というシンプルなもので、聞く負担が少なそうだという気持ちもできる。その話が具体的に上司にとってどんな「**お願い**」なのかがわかれば、「よし聞こう」という気持ちになりやすい。

重要な決断を仰ぐときや自分のミスを謝りたいとき、助力を頼むときなど、より切実なテーマの場合は、話の内容を先にわかってもらう言い方が必要である。

「……の件について、私から謝りたいことがあります」「……の件について、どうしてもお力をお借りしたいと思います」のように、単刀直入に自分の気持ちを話し、相手の心に踏み込むことも必要だ。

第1章

力試しテスト

明日、先方に渡さなくてはならない大事な資料がまだできていません。自分のAグループは手一杯で、比較的余裕のありそうなBグループに助けてほしい。そんなときに忙しそうな上司に言う場合、どの話し方が最もいいでしょうか？

①申し訳ありません。毎日残業してやっているのですが、間に合いそうもありません。ぎりぎりまで頑張るつもりですが、なにせ、データの照合が大変で……。

②明日は書類の提出日です。でも、どうしてもできそうもありません。ですから余裕のあるBグループに、できることなら手伝ってもらいたいと思うのですが、もし……。

③明日の締め切りについて大事なお話があります。Bグループに手伝ってもらいたいと思います。1人貸していただければデータの照合が終わって、明日までに間に合います。

答え

①は最も重要な「人員を貸してほしい」という「お願い」が上司に伝わらない。②は「でも」「ですから」などの接続詞が多すぎて論旨がはっきりしない。③は大事な用件とその未来の結果が明示されて、上司も聞く気になってくれる。

第1部
第2章

「わかりやすさ」の秘訣

～複数の人にちゃんと伝える技術～

わかりやすい説明は情報を「相手が使える」形にして提供する

「もっとわかりやすく説明してよ」

ビジネス以外でも誰かにこう言われることが多かったら、あなたの会話力やコミュニケーション力を再検討する必要がある。

そもそも「説明」や「わかりやすさ」とは何だろうか。それをきちんと整理して自分の頭で理解しなければ、会話を対人関係やビジネスの中で有益なものにすることはできない。

ポイントは**「知らせる」ことと、「説明する」ことは違う**ことだ。例えば「大学生の間でこのアプリが流行っています」と上司に言ったとすると、それはただ事実を知らせただけである。これに対して「説明する」は、文字通り「**説き明かし、わからせる**」ことである。天地ほどの違いがある。

「大学生の間では、このアプリが流行っていて、就職情報業界や飲食業界が注目しています」

情報は「調理」して伝える

学生の間でなんかアプリが流行ってるらしいぞ
へー
相手を引きつけられない例
メシでも行こー
…
学生の間で流行ってるアプリに外食業界が注目しているらしいぞ
!
相手を引きつける調理をする
我々の企画ともリンクできそうだな

と言ったらどうだろう。今動いている現実と価値のある情報が浮かんでくるはずだ。

説明とは、たんに出来事を伝えるのではなく、相手が使える情報にすることだ。

そのためには、事実という素材をそのまま提供したのでは、相手は咀嚼《そしゃく》することができないばかりか記憶にも残らない。

食べやすく加工したり、さまざまな味つけを施す「調理」が必要なのだ。

相手においしく味わってもらったときにはじめて、素材の価値が伝わり、情報は相手の記憶に残る。わかりやすい説明とは、相手の立場に立って事実を整理、再構築することでもある。

説明を組み立てるときは
逆三角形型を意識しよう

わかりやすい説明の構成は「**逆三角形型**」になっている。最初のボリュームが最大に大きく、話が進むにつれて小さくなっていくピラミッドを反対にしたような構成である。ボリュームとは情報の分量のことではなく、伝えたい価値の大きさのことだ。これはテレビでニュースを伝えるときや新聞や雑誌の原稿を書くときによくいわれるポイントである。

とくに放送や新聞では時間や記事スペースが限られる。重要なことから伝えていけば、途中で時間がなくなった場合や、書くスペースが少ししかない場合でも、大事な点だけは伝えることができる。**文を短くしなくてはいけないときは、最後から削っていけばいいのだ。**

新商品を発表するときを例にあげてみてみよう。

①画期的な商品を発売します。（**リード**）
②それは今までにないAという機能を持っています。（**結論**）

わかりやすい説明は「逆三角形型」

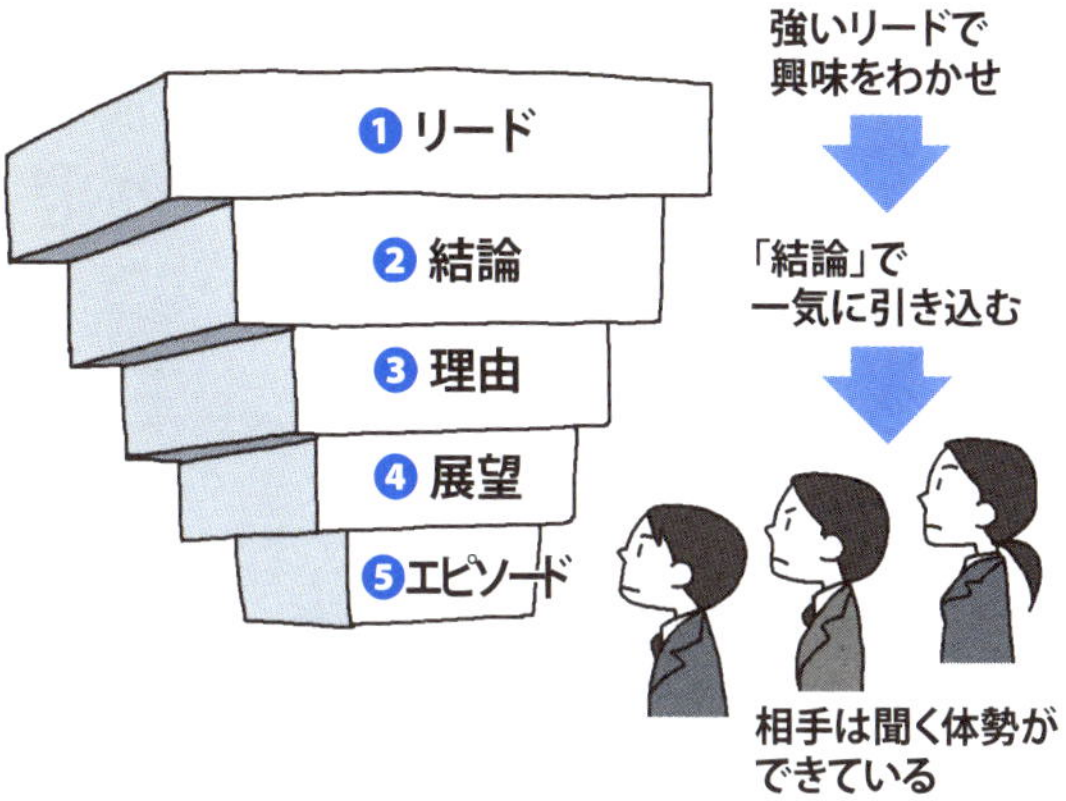

❶リード
❷結論
❸理由
❹展望
❺エピソード
強いリードで
興味をわかせ
「結論」で
一気に引き込む
相手は聞く体勢が
できている

③こういうことから開発されました。（**理由**）
④これを使えばこんなに便利になります。（**展望**）
⑤使った方からこんな声もあがっています。（**エピソード**）

後ろのほうに置いた項目が重要ではないということではない。しかし、ビジネス・シーンで短い時間しかない場合は、最初の①と②はなんとしても伝えたいことだ。

説明する相手、持ち時間、その場の状況などを想定して、いつも**何がいちばん重要で、何を伝えなくてはいけないのか、何が削れるか**を意識することが、説明力をアップすることにつながる。

話が長くなりそうなときは、途中で「まとめ」「たとえ」をはさむ

わかりやすい説明ができる人は、「**まとめ**」や「**たとえ**」がうまい人である。聞く側が話された内容を整理しきれないとき、それまでの話を要約して聞く側に提示したり、何かにたとえて印象深く記憶にとどめたりする技術である。

どうしても伝えたいことがあって一生懸命に説明し続けていると、聞く側はそのテンションの高さに疲れてしまうことがある。最初から最後まで集中し続けることは苦痛をともなうことでもある。

長くなりそうな話の場合は、その途中でインターバルをとって、聞く人に気分転換をしてもらう時間が必要になってくる。そんなときに役立つのが「まとめ」や「たとえ」である。

だらだらと話を続けずに、いったん話を区切ってリ・スタートすることも聞く側に立った話し方になる。

「まとめ」や「たとえ」をはさむ

長い話には休息と
要約するべきポイントがある
まとめ
ここでいったんまとめます
結論
あの山に向かいます
あきてくるころかなぁ

「ここまでは時間を合理化する話をしました。デッドラインがいかに大切かわかりましたね」

このように「まとめ」を提示すれば、聞く側が整理する手間が省け、新たな気分で再び話に集中することができる。さらに、話がずれていったときも、ここで軌道修正できる利点がある。

「たとえ」は、その話からエキスを抽出して、イメージが伝わりやすい別のものに見立てるテクニックだ。例えば、データ通信の仕組みを小包の搬送にたとえるような話し方だ。**まとめるときに何かにたとえると、より印象強く聞き手に残る**ものだ。

パワポの図に長い説明は不要。簡潔な言葉と矢印を活用せよ

視覚で直接的に訴える図解は、説明力を大きく高める。プレゼンテーションでパワーポイントがよく使われるが、その際に図解を生かし切れていない人が多い。むしろ、自分の説明力を殺してしまう人が多いのだ。

それには原因がある。パワーポイントを使ったプレゼンテーションは、図表や説明文などを見せながらプレゼンテーターが話していく。**確かに、視覚的な図解は理解を助けるものだが、気をつけないと図を説明することが目的のようになってしまう場合がある。**

最もよくないのは、言葉が多い見せ方だ。ついつい自分の言いたいことを織り込みすぎてしまうのである。

パワーポイントにおける文章の鉄則は、**最低限のキーワードで書き、「読ませない」こと**だ。これは「つかみ」となるタイトルや説明文と同じこと。長い文章を見せると、相手はそれを

図は「読ませない」がコツ

スッキリ
結論
つめ込みすぎのパワポはわかりづらい
どうですかー!
ナルホド
すごいがよくわからん
要点を3つにしぼりスッキリまとめる

読んで理解しようとする。話し手の言葉が耳に入りにくくなってしまうのである。

1枚のスライドには**インパクトのある短いタイトルと最大3つの短い説明**で十分だ。

図解をよりわかりやすいものにするためには、「矢印」を効果的に使うことも重要。矢印を使うと図表やキーワードに「原因と結果」「時間の経過」「それぞれの関係」などの意味がでてくる。

これらの意味を同じ形の矢印で表現するとわかりにくくなる。「↓」だけでなく「⇓」を使う、色を変えるなど、同じ矢印でも意味の区別をはっきりさせて使うと、図解の意図がより明確になっていくだろう。

聞き手が思わず引き込まれる「めくりフリップ」法

プレゼンテーションなどで相手にとくに強い印象を与えたい場合に、視覚的にバックアップしていくフリップ（大きめのカード等）は強い味方になる。

フリップが有効なのは**固有名詞や数字**だ。人名をはじめ固有名詞や数字は聞く側にとってはじめて聞く場合が多いものだ。それが理解できなくても、聞く側は話の腰を折ることになるのでいちいち聞き返したりはしない。あやふやなままスルーしてしまうことが多いだろう。

それでは記憶に残らない。**どうしても覚えてほしい単語や数字はフリップにして見せることが、記憶に強く残すことにつながる。**

しかし、そこには大事なポイントがある。書いて見せればいいというものではない。名前や数字がずらっと書かれた一覧を見せられても、人間はすぐに理解することはできないのだ。

そこで、「見せないこと」が重要になってくる。

フリップの使い方

全部見せてしまうとインパクトが弱い
今度の商品名
○○商品
発売日
2月3日!
フーン
ポイントを隠す
今度の商品名
気になる発売日!
気になる

例えば、覚えにくい商品名をいくつか見せる場合、**フリップに「めくり」をつけて隠しておき、ひとつずつ開けて見せていく**という方法がある。「めくる」という動作が、印象を強くする。最近はこうした「めくり機能」のあるプレゼンソフトが出ている。

この方法はものごとを説明するときにも効果を発揮する。テレビでよく見かける「みのもんた方式」の見せ方である。フリップボードを順次めくりながら開示していくテクニックだ。できごとの流れや原因と結果、意外な影響などを説明するのにいい。隠されていることで、聞き手の関心をかき立てる手法である。

2つでも4つでもダメ。「3のマジック」を徹底活用する

相手に説明の要点を確実に伝えたいときには「3つに絞る」ことが大切である。2つでもなく4つでもなく、3つがいいのには理由がある。それは**聞く側にとって3つまでが記憶に強く残る情報であるからだ。**

聞き手にとって「2つ」は散漫に聞き流して記憶に残りにくく、「4つ」は多すぎてどれかが記憶から落ちてしまう。話す側にとって「3つ」は覚えられる数であり、メモがなくても話すことができる。

「三大〇〇」「〇〇三傑」「三羽がらす」など、あることがらを代表する3つをあげる言い方が多いのも、3という数は切りがよくて覚えやすいからだ。また、3は「過去」「現在」「未来」という時間の流れも集約することができる。そんな記憶に残りやすい「マジック・ナンバー」である3を使わない手はない。

言いたいことは3つに絞る

話のポイントは多すぎても少なすぎてもダメ

ポイント
ポイント
ポイント
ポイント
ポイント
主題がよく見えてこないなぁ
ポイント
ポイント
中身がない話……
3つに絞るとよい。順位をつけるとさらにわかりやすい
ポイント
1位
ポイント
2位
ポイント
3位
話がつかみやすい

どうしても伝えたいことがあるときは、「大事なことは3つです」「3つのポイントがあります」と、最初にはっきり宣言する。

聞く側も「3つ」であれば、「覚えよう」という気になるし、その話に集中しやすくなるはずだ。

3つに絞ることは、わかりやすい説明をするために、話の内容を整理して流れを組み立てることにも役立つ。

あるテーマで伝えたいことが5つあったら、優先順位をつけたり、再度その内容を吟味してみよう。そして、絞り込んで3つにする。「すべてを説明する」より「相手の記憶に残る」ほうが大事だからだ。

具体的な説明が続いたら、「抽象的なこと」でピリリと締める

相手に確実に伝わるわかりやすい説明の必要条件は、「具体的であること」だ。具体的であるとは、事実が過不足なくストレートに聞き手に伝わることだ。**そのためには、基本中の基本である5W1Hを意識して話すことが大切である。**

「2014年4月に、A社とB社は、業界再編の気運に先駆けて、対等合併することを記者会見で発表した」

When（**いつ**）、Who（**誰が**）、Why（**なぜ**）、Where（**どこで**）、What（**何を**）、How（**どのように**）。この6つの要素が具体的な話には欠かせない。これにビジネスで重要なWhom（**誰に対して**）とHow much（**いくらで**）を加えた8つを入れて話すと、具体性はもっとアップしていく。

しかし、最初から最後まで具体的な話ばかりになってしまうことも危険である。話の途中

「5W1H」に加える「薬味」

で「まとめ」や「たとえ」があると聞き手に親切であるように、具体的な話を続けるときは、抽象的なことをはさむとその話がぐっと印象的になる。

例えば、先ほどの業界再編の話なら、「プライドのある両社にとって対等ほど難しいものはない」など、事実の背景にある「雰囲気」「共通認識」などを話して、あなたの主観の存在を臭わすことも有効だ。話をきりっと引き締める薬味の効果がある。

大事なポイントは一本調子になりがちな具体例の羅列ではなく、**具体的な話と抽象的な話をバランスよく織り込む**ことだ。聞き手を飽きさせないことが大切なのである。

丁寧すぎる説明より
おおざっぱにわかる説明をせよ

パンフレットを見せながら、その1ページ目から順にそれぞれの項目をもれなく丁寧に説明する人がいる。はじめてプレゼンをする人などにも多く見受けられるパターンである。当人は一生懸命で、聞く人に少しでも正確に伝えたい、よりわかってほしいと説明しているのだろうが、そこに大きな誤解がある。

たくさん説明することは、わかりやすくすることとイコールではない。ときには「説明しない」こともすぐれた方法だ。**説明過多の人は、「間違って伝わったらどうしよう」とか「わかりにくいと言われたらもうおしまいだ」といった不安からそうなっている**ことが多い。

自分が真剣だと、いつも相手も真剣に聞いてくれているように思ってしまうのだが、それがそもそもの勘違いなのである。100%出し切れば、相手も100%受け取ってくれると思うことは甘い考えだ。

「説明しない」というテクニック

おおざっぱに絞って

すべてを伝えようとすると
相手には何一つ伝わらない

話を聞くほうは、聞いた情報の中から必要な情報だけを記憶するようにたえず頭の中で**取捨選択**している。自分がわかっていることを、あまりにも丁寧に話されたりすると、集中力が途切れたり、自分が馬鹿にされているような気分になったりもする。

大事なポイントは、相手をよく判断して、省略しても相手はわかると思われることは省略すること。わかりにくいことがあっても、頭からお尻までの全部を正確に伝えようとしないことだ。

ときには**「おおざっぱにわかったつもりにさせる」こと**が、かえって破綻のないわかりやすい説明になっているものだ。

第2章

力試しテスト

以下の話し方の中でわかりやすい説明はどれでしょう？

①話の最初から順序よく丁寧に話して、100％相手に伝わるように話す。

②大事な数字から言う。抽象的なことは言わないように心がける。

③起承転結の流れで話し、大事な結論は最後に言う。

④相手を飽きさせないように一気呵成に話す。

答え

どれもわかりにくい説明だ。①相手が知っていることをくだくだ説明されると馬鹿にされたような感じがしてしまう。②数字だけではわかりにくい。具体的なことばかりだと相手の集中力がとぎれてしまう。③ビジネス・トークは結論を先に言うことが基本。④話の途中で「まとめ」や「たとえ」を入れると相手に伝わりやすくなる。

第1部

第3章

「イエス！」を引き出す

～思い通りに進める交渉術～

すばらしい未来を相手にしっかりアピールしているか？

聞き手は相手が、自分の知りたい情報を持って来てくれる人かどうかをシビアに考えている。同時に、自分にとってその説明は聞く価値があるかどうかをたえず値踏みしている。もし、その人が自分の知りたい情報を持っている人間ではなく、その説明は自分にとって価値がないと判断されると、話は聞き流され、会話は一方通行になってしまう。

あなたの言いたいことが相手に伝わり、確実に「うん」と言わせるためには、あなたが相手にメリットをもたらしてくれる人間であり、これから相手にとって価値のある話をするというアピールをすることが必要である。

それには相手の不安や不信感を払拭する態度と話術が必要になってくる。大切なポイントは、**相手が知りたい情報を自分が確実に持っており、それがどんな未来をもたらすのかを明快に説明すること**だ。これは18ページの「つかみ」のテクニックの発展形である。

未来図を描かせる

A問題
御社がかかえる問題を把握しています
!
相手に「聞くスイッチ」が入る
「聞くスイッチ」が入った状態
我々のノウハウで
よい方向に展開できます

・未来図を描かせる
・メリットを知らせる

聞く価値がある話だと印象づける

例えば、「懸案の事項ですが、決定的な案をお持ちしました」といったつかみから始め、この話が、ただ相手の関心を得たいのではなく、**相手にとっていかに得になる話であるかをアピールする**。相手になりかわって、その願望を実現するロール（役割）を演じる気持ちが大切になってくる。

相手を納得させるわかりやすい説明とは、まず相手の心を動かして、**①話を聞く態度のスイッチを入れる**、**②相手に未来図を描かせる**、**③メリットを明らかにする**、という流れをはっきりと打ち出した説明である。

何が重要で、何が重要ではないか、相手の立場に立った価値観を持つことが大切だ。

「よく話す人」より「よく聞く人」のほうが成績がよい

熱心に話し続けるセールスマンと口数の少ないセールスマンを比べると、会話能力が高そうに思えるのは、よくしゃべるセールスマンのほうだろう。ところが、実際に成績がいいのは口数の少ないセールスマンだという話をよく耳にする。

一方的にしゃべってばかりいても、相手にその商品のよさを納得させて買う気を起こさせることはできない。**よく話すことよりも「よく聞くこと」のほうが、営業能力に直結する。説明力のある話ができる人は、人の話をよく聞く人だということだ。**

相手の話をよく聞くことで、まず、相手がどんな人間で、どんなことを思っているかを知ることができる。興味の傾向や性格がわかり、こんな言葉や内容ならわかってもらえるだろうという説明方針も立てることができる。

相手のことをよく知ることはビジネスにとって最重要である。情報を積み重ねていけば、

説明のうまい人は「聞く」のがうまい

相手が話しやすい
ムードを作る

相手が話すチャンスを奪うと
話が広がらない

相手が具体的にどんなものがほしいのかがわかり、それにそった確実な提案や、よりピンポイントのセールスが可能になる。

もちろん、ただ聞いているだけでは相手から情報を引き出すことはできない。

相手に気持ちよく話させるための第一歩が、**相手の話をしっかり受け止めているというシグナルを送ること**。そこでは、信頼感を表す**アイコンタクト**と会話を進めやすくする**相づち**がポイントになる。

まずは「あなたの話が聞きたい」というあなたのムードや「空気」をしっかり伝えることが大切だ。雰囲気づくりから始めることが対人関係では重要なのである。

相手を気持ちよく乗せる「質問」のテクニック

聞き上手とは、**相手が話したくなるような状況**をつくれる人のことである。話がはずんで自分から話しているときは、精神が高揚してポジティブになっている状態である。その人の本音が出やすく、性格や人間性を理解するチャンスでもある。さらに話し相手の意見や主張を受け入れやすい態勢になっていることが多く、セールス・チャンスもそこにある。

では、そんな状況をつくりだすにはどうしたらいいのだろうか。**最も確実なのは、「質問」することである。**「質問」にはさまざまなテクニックがあるが、相手の趣味を尋ねるような単純な質問でもいい。自分に興味を持っているような質問をされた場合、誰でも悪い気はしないものだ。

質問を重ねていくことで相手がどんなことに関心があるのか、どんな傾向を持った人間なのかがわかってくる。会話がはずめば、自分のめざす方向に向けて質問をすることで相手を

質問で誘導する

質問することで
相手が見えてくる
気になることは
趣味は
相手を「知る」ことが大事
「知る」ことで
コントロールしやすくなる
あくまで
相手を
気持ちよく
なるほど

誘導していくこともできるのだ。

質問で相手が話しはじめたら、**相手の話に、ただ「相づち」を返すだけでなく、同意や共感の言葉を添えよう。**そして徐々に会話を目的に向けて誘導していく。ただしこの場合、急な話題転換や意図的な質問の連発は逆効果になるので要注意だ。

タイミングを間違えると、「その話がつまらないから話を変えたいのだろう」と思われてしまうこともある。こちらの誘導意図が見えてしまうのだ。

相手が乗っているときには徹底して聞き役に回るなど、あくまで相手を気持ちよくさせることが重要である。

クローズド・クエスチョンで目的に向けて相手を誘導する

質問には2つの種類がある。「クローズド・クエスチョン」と「オープン・クエスチョン」だ。

会話を自分の望む方向に持っていくには、「クローズド・クエスチョン」が役に立つ。**「はい」か「いいえ」、もしくは「A」か「B」の二者択一の答えが求められる質問だ。**

「あなたはメールのやりとりがわずらわしいと思いますか?」という質問への答えは「そう思います」「そうは思いません」という2つに限定される。「青いクルマが好きですか、それとも白いクルマですか?」という質問では、どちらかひとつか、もしくは「どちらも好きではありません」という答えが返ってくるはずだ。

これに対して、もうひとつの「**オープン・クエスチョン**」は、「どんなクルマが好きですか?」といった質問だ。答えは無限にあるといっていいだろう。

相手がどんなタイプの人間かじっくり探っていく時間があるなら、「オープン・クエスチ

クローズド・クエスチョンで絞り込む

ョン」も有効である。しかし、例えば相談事などでは、「明日までにできません。どうしたらいいでしょう？」といった「オープン・クエスチョン」は禁物。ビジネスマン失格の烙印を押されてもしかたがない。答えを相手に委ねることになり、答えるほうも考える時間が必要になるからだ。

「クローズド・クエスチョン」のような答えを選ばせる質問には、**相手の考え方を絞り込んでいく**という効果がある。自分の思う方向へ誘導することができ、なおかつ会話が確実に進んでいく。

確実な答えが返ってくる質問ができる人は、説明力の高い人だといえる。

人に仕事を頼むのがうまい人の、その気にさせるテクニックとは

人に何かを頼むときほど、その人の説明力が問われるときはない。頼み方が悪いと勘違いを生み、トラブルの元になる。人に仕事を委ねるということは、その仕事に対する責任も委ねることだ。相手も本気にならなくてはならない。**自分以上に相手をやる気にさせなくては、いい結果は決して返ってこない**のだ。

そのためには相手の気持ちを動かして、その気にさせるテクニックが必要である。たとえそれがさほど重要な仕事ではなかったり、特殊な能力のいらない仕事だったりする場合も、「あなたにこの仕事を頼みたい」という理由が必要だ。

よく耳にする頼み言葉が、「**地味な仕事で悪いんだけれど**」「**簡単にできるはずだからお願い**」といった文句だろう。

しかし、これはよくない例の代表である。相手のやる気をそぐばかりか、おざなりの仕事

上手な頼み方・ヘタな頼み方

「頼みたいこと」の「価値」を下げてはいけない
この程度簡単でしょ
仕事
……
難しいが君の実力ならきっとできる
仕事
価値を高める
お任せを

をされてしまうパターンなのである。

人に仕事を頼むのなら、その仕事がたとえ簡単でたいして価値がなくても、地味で面白みがなくても、マイナスを感じさせるイメージを与えてはいけない。

むしろ、「**実は難しいんだけれど**」「**あまりみんな気がつかないけれど、見る人はここを見ているんだ**」など、その仕事の中からプラス・ポイントを見つけ、「この仕事ができるのはあなたしかいない」「あなたにぜひやってほしい」ということを強調するべきなのだ。

自分の価値を認められたことで、相手にはやる気が出てくるはずだ。

自然に「イエス」を引き出す心理操作の話法を身につける

何かひと言いえば「反対」の声がかえってくるような頑固なタイプの上司や、なかなか決断しない優柔不断な人に対して、最後に「イエス」といわせる方法がある。心理学やカウンセリングなどで使われる「**イエス・セット話法**」だ。

相手が「イエス」と答えるような質問を何度も重ねていって、こちらが意図した問いかけに確実に「イエス」といわせる方法である。

これは話や身振りを相手に合わせて同じ波長にしていく「ペーシング」というコミュニケーション技術に基づいている。相手が喜べば一緒に喜び、怒れば一緒に怒るというように感情を「同期」させていく技術だ。会話の場面では、「……ですよね」「はい」の繰り返しで感情が一致していくことを利用する。

さらに、人は何度も同意していると反論しにくくなるという「一貫性の法則」も加わる。「は

イエス・セット話法で説得する

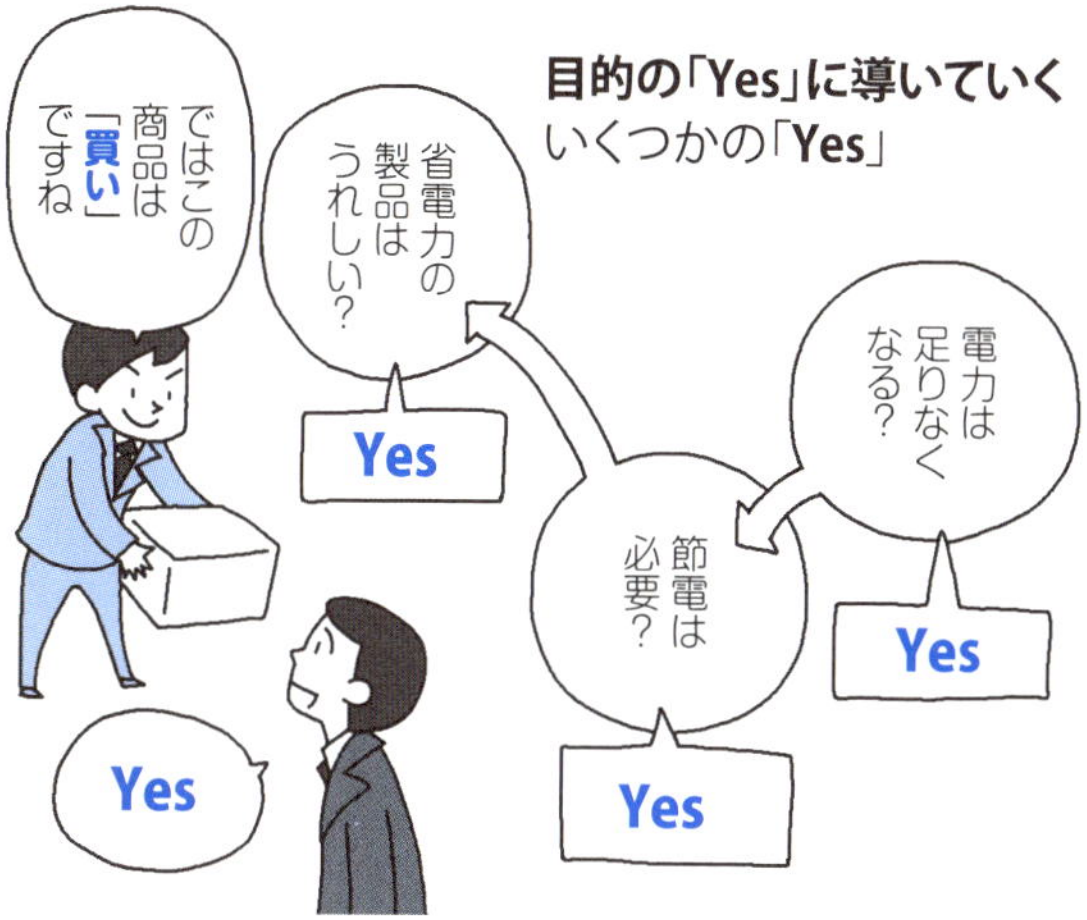
目的の「Yes」に導いていく
いくつかの「Yes」
電力は足りなくなる?
Yes
節電は必要?
Yes
省電力の製品はうれしい?
Yes
ではこの商品は「買い」ですね
Yes

い」を繰り返すと、人は「はい」というのが自然になり、「いいえ」といいにくくなる。

例えば「健康は何より大事ですよね」「**はい**」、「健康はお金では買えませんよね」「**はい**」、「ここで何かしないと後悔しますよ」「**はい**」、「だったら、これがあればいいですね」「**はい**」……。何度も同意を重ねていくと、その流れに自分を委ねることによって安心感が生まれていく。こうしてハードルが十分低くなったところで、こちらが意図する質問をぶつけて同意を受け取る。

主張好きな人間が多くてなかなか意見がまとまらない会議や、みんなで「一致団結」を図りたいときなどには有効な手段だ。

ウイークポイントを開示すると、信頼関係がすばやく築ける

相手から信頼を得たいなら、まず、自分の大事なものを相手に与えることが必要だ。会話においては、「人に知られたくないこと」や「マイナスになること」を話すことが、信頼を得る大きなきっかけになる。では、なぜ自分のマイナス・ポイントで信頼を得られるのか？

言葉をやりとりすることで成り立つ会話には、人間の心理に基づいた法則がある。その中の代表的なものが**「返報性の法則」**と呼ばれるものだ。人は何かをもらったままではどこか落ち着かない。人間は大事なものをもらえば、それ相応のものを返したくなる。

不利になるかもしれない自分のマイナス・ポイントを明かしてくれた人には、それに何かで応えなければいけないという思いが強くなる。「この人は信用できそうだ」「もっと話を聞いてみたい」という気持ちが出てくるということだ。

会話法などで使われる概念の「ラポール」が構築されつつある状態である。

まず「自分」を語る

我々のすばらしい新商品開発に参加させてあげる
べつに
欠点を明かすことが信頼への近道
相手の土俵に上がる
我々には「A部品」のノウハウはありません力を貸して下さい

「ラポール」はもともとは臨床心理学用語で、セラピストと患者がお互いに信頼関係を築いた状態をいう。心を開いて自分を受け入れる準備ができている状態だ。

例えば、**自社製品のウイークポイント、それも客観的なデータがあれば、最初にそれを提示する。「ここは劣っていますが、ここは勝っています」という優劣を開示する。**いいことだけしか言わないセールスマンはどこか信頼できないものなのだ。

ただし、秘密を明かすといっても、「ここだけの話ですが」や「あなただけに話します」ばかりを多用すると、かえって信憑性が薄くなるので要注意だ。

相手によって説明スタイルを変える。4つの**タイプ別アプローチ法**

同じ内容を説明しても、この人はわかってくれたのに、あの人はわかってくれないということがよくある。人それぞれにコミュニケーションのスタイルがあり、理解や納得に至る方法が異なっているからだ。

その人にとってわかりやすい説明をするためには、**相手がどんなタイプであるかを知って、それに合わせた説明をする**ことが重要だ。

まず、「**リーダータイプ**」の人に説明するには、自信を持って話すこと。いつも問題に即応することを心がけている人が多いので、こちらも時間をかけずに、「イエスかノーか」、「A案かB案か」と結論が出せる絞り込んだ説明をすべきなのだ。

「**社交派タイプ**」の人に説明するときは、「世間の評価」や「流行」に留意しながら説明を行う。今人気の商品やサービスなど、世間のトレンドを意識している人が多いので、「あの

相手のタイプ別・説明法

自信を持って説明
A案がおすすめです！
リーダータイプ
はっきりと返事しない
…
八方美人タイプ
「世間の評価」で説明
いまA案が人気です
社交派タイプ
ここは慎重に
A案なら
慎重タイプ

人も使っている」などのフレーズが有効だ。

「**八方美人タイプ**」の人は、「ノー」とはいわないが、優柔不断で即断をせず、はっきり「イエス」もいわない。議論を好まないので、相手のペースに合わせて気長に根気よく説明する。

「**慎重タイプ**」の人には、こちらも慎重な態度で接することが大切。ものごとをきちんと論理的に分析することが好きな人が多く、なにごとにもパーフェクトを求めるのもこのタイプである。客観的な情報を用意して、詳細にわたり冷静に説明しながら相手の決断を待つゆとりが、こちらにも必要になる。

あいまいな言葉は使わない。**具体的な数字**で納得を引き出す

「もうじき、できると思います」「あと少しがんばれば、なんとかなると思います」いつもこんな答え方をする部下を上司は決して評価しない。具体的な「数字」がないからだ。わかりやすい説明、いい説明とは、聞く相手に「聞き返されない」表現である。

「もうじきって、いつなの?」「あと少しって何時間ぐらい?」「なんとかするって、どうするの?」

上司や仕事先の人間に進行状態を聞かれたような場合、相手が聞きたいのは、具体的な日時や現在の状態である。あいまいな展望や可能性を聞きたいわけではない。

「あと2日いただければ完成します」「Aさんとのアポが取れれば、5日に開催できます」

あいまいさを省いてはっきりとした具体的な数字を出すことで事態は進んでいく。何か障害が生じたときも、助けを頼んだり、日程を調整するなど対応策を打ち出すことができる。

「具体的な数字」で説明せよ

「そこそこ」遅れています 「けっこう」人がいります 「もっと」予算を下さい
もっとってどれくらいだろ…
検討しにくいなぁ
「3週間の遅れ」です 「30人のスタッフ」増員 「〇〇〇万円の追加予算」が必要です
検討しよう

重要な説明をするときには、あいまいな形容詞や副詞を使うことはタブーである。「**なるべく**」「**とても**」「**少しだけ**」「**多くの**」「**もうじき**」「**すごく**」などの言葉は使ってはならない。「**できるだけ**」といった意思を表す言葉も、具体性がないのでかえって信用できない感じを与えてしまう。

最近、「ロードマップ」という言葉が盛んに使われる。ざっくりした行き先や目標を示したものにとられがちだが、ロードマップとは何かを未来に実現するための**行程表**のことだ。そこでのポイントは、あいまいではない各目標と期限である。数字が最も重要であることはいうまでもない。

第3章

力試しテスト

質問には「オープン・クエスチョン」と「クローズド・クエスチョン」があります。以下の質問はそのどちらでしょう？

①プレゼン案はいつまでにできますか?
②プレゼン案はどうやったらできますか?
③今晩は何が食べたい?
④イタリアンと中華料理、どっちがいい?

答え

①は期日を尋ねる質問、②は方法を尋ねる質問、③はひとつの答えを求める質問、④は二者択一の中で答えを求める質問。答えが「日時」になる①と、ふたつのうちのひとつになる④は答えが限定されるクローズド・クエスチョン、さまざまな答えが想定される②と③はオープン・クエスチョンになる。

第1部

第4章

トークの達人ワザ

~相手を引き込み、信頼をかちとる~

メリットをしっかり伝えれば相手は心を開く

トークの達人は、人の心を動かすために、「相手がどのぐらい得をするか、どのようにすれば得になるか」を語っている。例えば、難しい仕事を部下にさせる場合、ただ「なにがなんでもやれ」と言っても、当人がやる気にならなくては、いい結果につながらない。その仕事をすることで、他の人間がどれほど助かり、会社としてどれだけ効率が上がり、その結果、当人の評価がいかに上がるかを説明しているのだ。

相手が得るメリットが具体的に伝われば、相手はあなたの説明に対して心を開くようになる。それにより、承認を得るための社内調整など、多少の困難や手間が伴ったとしても、行動を起こす大きな原動力になる。

これは商品やサービスをセールスするときや、自社内で企画を通すときにも重要なポイントだ。これによりどんなメリットが得られるか、その結果を具体的に提示することが相手を

相手は「メリット」に食いつく

互いにメリットがあることを強調
プログラムを作ってもらえたら…
相手
自分
メリット
メリット
Win
名声
ギャラ
Win
作業の合理化
コストダウン

動かすことにつながっていく。

その交渉が顧客相手の場合は、「**ウィン・ウィンの関係**」（「相手も自分も勝つ」関係）で、双方にメリットがあることをしっかり伝えることがポイントになる。

一方的に「あなたが得になる」と強調してもウソっぽいイメージが漂うからだ。「お互いに得をする」というリアリティを分かち合うことが、交渉事を気持ちよくスピーディに進めるきっかけになる。

双方の**メリット**を説明するときに、**コストやスケジュール**についても伝えられれば、相手にとってもより現実感のある交渉が進めていけるはずだ。

どうしても主張を通したいときは「イエス・バット法」を使う

どうしても売り込みたい商品がある場合や、自分の主張をどうしても通したい場合、相手の否定や反論、異論をなんとかして封じ込めなければならない。そんなときに役立つ話し方がある。「**YES・BUT（イエス・バット）法**」といわれる会話法だ。

例えば、ある商品を売り込む場合、相手はデザインは気に入ったが、色が気に入らないというようなときがある。しかし、その色以外の商品がないといった状況だ。

必死にその商品のいいところをアピールするばかりの人は、顧客からよくない点を指摘されると「そんなことはありません」などと反論しがちになるものだ。

その商品に自信を持っていることは決して悪いことではないが、相手の立場に立った上手なセールス・トークではない。そんな場合は「**なるほど**」と、相手をいったん肯定するほうがいい。まずは「イエス」ありきである。

いったん受け入れる

客の主張に対して
このスマホ重くてヤダ
いえ それは違います
いらないです…
たしかに重いですね
しかしですね だからこそ電波が強いんですよ
!

人は、それまで相手の話を納得しながら聞いていても、自分の意見を否定されたとたんに一気に印象が悪化して、全部が拒否に傾く危険が多いのである。

相手の意見は、「**〜ということですね**」と尊重して受け止める。これによって、相手と同じ側に立つことができる。

そのうえで「**BUT**」（**しかしながら**）、「この色にはこんな理由があります」「だからこそ、この色なのです」と、自分の意見を口にだす。このほうが、相手に受け入れられる可能性が高くなる。本心は反対でも「おっしゃるとおりですね」と、相手の意見に寄り添うことも大切なのだ。

昨日見たドラマを面白く語るには、**感動ポイントと人物の視点**がカギ

昨晩見たテレビのドラマに感動して、それを会社の同僚や友人に伝えようとしたが、うまく伝えることができなかった。そんな経験は誰にでもあるだろう。そもそも物語を短くまとめて感動を人に伝えることは、話術の中でもかなり高度なテクニックを要することなのだ。

ドラマはストーリー、俳優、事件、状況など、さまざまなファクターが絡み合って進行していく。ドラマの中で起きた出来事を面白く伝えたり、筋を要約することは簡単ではない。

だからこそ解説者やコメンテーターなどのプロが活躍できるのだが、ドラマを短くまとめて伝えることは、わかりやすく説明する技術のいちばんの練習になる。

まず、物語を伝えるのが下手な人が陥りやすい点はいくつかある。最もありがちなのが、「あらすじを説明できればなんとか伝わる」と思うことだ。しかし、人はあらすじに感動するものではない。**まず自分が感動したのはどこなのか、登場人物の行動やセリフ、または筋書き**

ドラマを1分で説明

まずは結論でつかむ
ドラマでは恐い人物がいて、すっかりだまされたよ！
ほう
ずっと男の子をカゲからにらんでたんだ
実は親子だったんだ
聞き手をつかんだ後そこに至る経緯を説明する

の意外さなど、伝えるポイントを絞る。

ここでも大切なのは、自分が感動した部分を結論として最初に出す。「恐いやつがでてきて、これが犯人だと思ったら、ぜんぜん違ったんだよね。見事にだまされたよ！」という具合だ。そして、そのあとで種明かしのように説明をつづける。

また、**主人公だけの視点**で物語を伝えることも重要。明確な視点を設定すれば、複雑なストーリーでも簡潔に要約することも可能になるはずだ。

ドラマを見て、主人公の立場から物語を1分の話にまとめてみることも、説明力をアップするいい練習になる。

「意外性」「共感」「小声」。引き込むテクニックをマスターしよう

相手を自分の世界に引き込む「つかみ」にはいくつか種類がある。大きく分けると「**意外性**」と「**共感**」になる。

「えっ、そんなことがあるの!?」といった「**意外性**」で引き込む「つかみ」には、さらに「逆説」と「トリビア」などがある。「逆説」は「年収三〇〇万円の生活は実は豊かな生活です」といった正論や一般論をひっくり返すフレーズ。

「トリビア」とは、本来、とるにたらないことにこだわるという意味の言葉で、身近にある意外性にスポットを当てたフレーズである。「働きアリといっても、まったく働かないアリがいます」といった雑学的なネタで「へぇ！」と聞く側の心をつかむ方法だ。

「**共感**」は思いや嗜好《しこう》の一致、属性の一致を話すことで、同じ世界に引き入れるものだ。いちばんわかりやすい例は、出身県が同じだった場合に「同県人」であることをアピールする

「つかみ」を使い分ける

私もカメラが好きです
ほう
共通
実は○○は△△なんですよ
…
共感ポイントを見つける
意外な話でより引きつける
小さい声で相手を引きつける

ことで生まれるような共感だ。

「意外性」「共感」のどちらがいいということではなく、話したい内容などによって臨機応変に使い分けることができると、会話力も確実にアップしていく。

もうひとつ、ベテランの講演者などが使う「つかみ」がある。講演が始まってもしばらく話さない、**小さな声で話し始める**というテクニックだ。

落語家が話に入るときにトーンを下げた小さな声で話を始めるというのも、自分の話に聞き手を集中させるための方法である。話力があれば、「沈黙」や「静寂」もときには強力な「つかみ」になる。

部下のモチベーションが上がる「ほめ方」「叱り方」のうまい方法

上司と部下との関係で最も難しいのは「ほめる」ことと「叱る」ことだ。そのほめ方、叱り方によって、その後の部下の行動はもちろんのこと、職場内のコミュニケーションや職場全体の雰囲気にも影響を及ぼすからだ。

ほめることは仕事への取り組みや成果に対して上司がやるべき仕事のひとつだ。ほめられて嫌な気持ちになる人はいない。モチベーションをアップさせる最大の武器といえる。

ただし、部下をほめるときには、**「今度の仕事はよかったよ」といった抽象的な言葉ではなく、「どこが、どのようになってよかった」など具体的にほめる**ことが大切だ。

また、ほめたときには「ほめっぱなし」にするのではなく、「今回はよかった。で、次の目標は?」など、**今後をさらに期待する言葉を入れてプレッシャーをかける**ことも上司のうまいほめ方だ。

ほめ方、叱り方で力量がわかる

しかるときは1対1
だめじゃないか
……
でも発言はよかったよ
ほめ言葉をはさむとよい
発表よかったわよ わかりやすい説明で内容も深くて
ほめるときは具体的に
なんかよかったよ
……

叱るときは、相手を過剰に傷つけることもあるので注意が必要である。原則はほかに人がいない状況において一対一で叱ること。人前で叱ると、恥をかかされているという思いが強くなって、あなたへの敵意が芽生えたり、いつまでもそのことを引きずりがちになる。

ただし、部内にミスが多い場合や覇気が感じられない場合に、最も仕事ができる人間を叱って士気を上げる方法もある。

叱るときには全面的に叱責するのではなく、**その人の頑張ったところや、よかったところを指摘する「ほめ言葉」をはさむ**と、相手も感情的になりにくい。

初対面で効果バツグンの「好きなもの」「苦手分野」の話題

ビジネスではじめての人に会う場合、最初の自己紹介は絶好の自己アピール・チャンスになる。**自分をどのように「説明」するかによって、相手の中であなたの存在感は大きく異なってくる。**印象に残らなければ会った意味がないといってもいい。自分がどんな人間かをはっきり印象づけることが最優先である。

手っ取り早くあなたの印象を相手に刻みつけるには、あなたがどんなものが好きなのかを話すことが簡単な方法だ。これには理由がある。人間が相手に興味を持つ第一歩は、自分との共通項を見つけたときだ。とくに同じものが好きだという共通項は大きな印象になる。そのためにはできるだけ自分の情報をたくさん開示する。**食べもの**をはじめ**スポーツ**、**趣味**、**芸能人**でもかまわない。なるべく多くのデータを相手に与えることが大切である。

自分が好きなことを話して、相手も同じものが好きだった場合に大切なポイントがある。

「あなた」を開示しよう

甘いもの好き
ゲーム好き
サッカー観戦
私もだ
インプット
相手のアンテナにひっかかるのを待つ
いろいろ教えて下さい
まかせて
弱みを見せるのもＯＫ！
でもルールが覚えられないんですよ
うんうん

「いいですよね」などと共感を語るだけでなく、「**もっと教えてください**」など、相手に質問をすること。相手への質問は「あなたと親しくしたいと思っています」というメッセージになる。

相手によい印象を与えるには、**自分の苦手分野を明かす**という手もある。例えば「キーボードを打つことが苦手」「英語が苦手」「プレゼンテーションが苦手」といったことでもいい。自分のマイナスを開示することも印象に残りやすい。

ただし、身体的なことなどは相手もコンプレックスを感じている場合が多いので注意が必要である。

伝わらない原因は既知情報と未知情報の整理にあり

自分ではよくできたと思った企画なのに、なかなかわかってもらえない。一生懸命にプレゼンしたのにどうしても通らない。そんなときは、説明力の観点からもう一度客観的に検証してみる必要がある。

まず見直すべきことは、**情報が多すぎないか、少なすぎないかという点**だ。そのテーマに力が入りすぎると、ついついあれやこれやと情報を詰め込みすぎてしまうことがよくある。前にも述べたように、情報が多すぎると消化不良を起こすだけでなく、そのプレゼンを聞こうとする気持ちまでも萎えさせてしまうのである。

代表的な失敗が**「既知情報」と「未知情報」がよく整理できていない**場合だ。相手が知っている事柄や情報をくだくだと説明すると、聞き手は自分が軽く見られたという気持ちを抱きがちだ。

相手が知っていることをくどくど話すな

相手の持つ情報の種類と量を見積って話す
情報の種類と量
情報の種類と量
少なく見積ってしまう
多く見積ってしまう
そんなこと知ってるよ！
よくわからん

一方、**あなたにとって当たり前な情報でも、他人にとっては当たり前とは限らない。**この点を勘違いして説明をはしょると、聞く人はつまずく。相手の理解力や情報量を事前に見きわめ、正しい「既知情報」と「未知情報」に落とし込むことが大切だ。

説明がひととおり済み、質疑応答などで見当違いの質問や意見が出てきた場合も、情報が少なすぎる可能性を疑おう。

情報が少なすぎると聞く側は飛躍した論理で解釈したり、勝手な思い込みを招きがちになる。複雑で込み入ったテーマの場合は、なるべく情報を多く出して客観性を高める工夫が必要だ。

相手が使う言葉をまねると信頼関係が生まれる

わかりやすい説明をするには、相手の話をよく聞くことが鉄則だが、ただ漫然と聞くだけでは自分の説明力のアップにはつながらない。**相手がどんな言葉をよく使うのか、どんな言葉に重きを置いているか**をたえず探る気持ちが必要である。

そんなときに注意したいのが、専門用語、業界用語、その会社だけで使うような言葉などだ。とくに要注意はアルファベットの略語。例えば「PP」は化学業界なら「ポリプロピレン」、音楽業界なら「ピアニッシモ」、モータースポーツ業界なら「ポール・ポジション」の略語である。

同じ言葉でも、使う人の業界によってその意味やイメージが違うことはよくあることだ。この意味で使っている、という確信が持てない場合は、率直にその言葉の意味を尋ねたり、相づちを打つ際に言葉の意味を確認する言葉を添えるべきである。

どんな言葉を使うか、に注意しよう

「僕はPPが苦手なんだよね」

「そうですね。やっぱりパワー・ポイントは難しいですよね」

こうして確認すれば、言葉の誤解はその場で判明する。自分勝手に納得せずに早めに手を打つことが重要だ。

言葉の認識を共有することと同様に大切なことが、相手のキーワードを知ること。

その人の会話に頻繁に出てきたり、重要なところで使われる言葉には、その人の考え方やこだわりが表れていることが多いのだ。その意味を確実にとらえて、自分の発言にも使うと、相手との共通認識や信頼感が生まれやすい。

第4章

力試しテスト

大きな企画を売り込む場合、どんな説明が相手を納得させやすいのだろうか。以下の例文をそれぞれ判断してください。

①B社はこれで大成功しています。絶対間違いありません。

②これは絶対に御社にとってお得です。うちの儲けなんかありませんよ。

③社運を賭けてこの企画をおすすめします。我が社も勝負なんです。

④これにすればコストは30%下がります。我が社も納入のしがいがありますよ。

答え

①他社の成功例は有効だが、相手も成功するという根拠はない。②相手のメリットばかりで偽善的なニュアンスがしてしまう。③自社の事情は相手にとって期待するほどのアピールにはならない。④相手のメリットがわかって、なおかつ価値観を共有するメッセージが感じられるので最も納得させやすい。

第1部

第5章

好かれる会話術

~話し方、アイコンタクト、声など~

ポジティブ話法で話せば好感度がぐんぐん上がる

好感度の高い話し方をするためには、ネガティブな言葉はタブーである。「でも」「だけど」などの接続詞については24ページで解説したが、接続詞以外でも注意すべき話し方がある。例えば、仕事の締め切りが3日後に迫っている場合に、「締め切りまで、**もう**3日しかありません」と言われたときと、「**まだ**3日あります」と言われたときの気持ちを比べると、天と地ほどの差があるはずだ。

「もう」は、否定や諦めの感情が入っており、そこには相手への非難や不可能性を込めたニュアンスが感じられる。これに対して「まだ」には、相手への励ましや可能性への期待が感じられるからだ。

ポジティブに語ることは、自分の好感度を上げるだけではなく、相手の心を動かして行動を促すことにもつながる。例えば、あなたが書いた企画書について、必要な項目の不足を他

好感度を上げる人、下げる人

もう4日もたってます
ぐさっ
不快感をあたえるから…
まだ3日ありますから
相手のやる気をなくす表現
前向きな言葉にしよう
この人形
台がないから価値がない
トゲ
トゲ
不快感をあたえるから…
台があれば最高だ

人に指摘される場合、「この企画にはシニアへの対策がないのでできません」と言われた場合と、「これにシニアへの対策があればできますね」と言われた場合を比べてみれば明らかだろう。

あいまいな言葉も、例えば相手から都合などを聞かれた場合は好感度、信頼度を大きく下げてしまう。

「**たぶん**行けると思います」「**今のところ**大丈夫だと思います」

相手が聞きたいのは「イエス」か「ノー」であり、その用件が重要であればあるほど、はっきり「行けます」「行けません」のどちらかを答えるべきである。

「先手を取る気配り」でチームのやる気がグンとアップする

周囲の人にポジティブな印象を与えることができるトーク・テクニックに、「先手を取る気配り」がある。

話がなかなか進展しないときや、会議が終わって次回のことが何も決まらないような場合、このテクニックを使ってみよう。**自分から率先して何かひとつやることを言う。または何かの役割を引き受けることを宣言するのだ。**これで停滞した空気は晴れ、ものごとは一気に前に進む。その場にいる人に感謝され、好感度を確実に上げるものになるはずだ。

例えば、会議などで結論が出ずに、「次回までに打開策をみんなで考えよう」といった申し合わせで終わることがよくある。そんなときは、メンバー全員が「誰かが考えてくるだろう」と安易に考えて、結局、事態が進行しないことが多いものだ。

このようなときは何かひとつ簡単なことでもいいので、自分ができそうなことを提案する。

自分から率先して引き受ける

積極的に役割りを求めると周囲のやる気もＵＰ!!
バーベキューでもやりたいな
!
よし道具をそろえるよ
!
ネットで場所を調べるよ
誰かがやるだろ
消極的な態度は周囲のムードも消極的にする

「では、私がその商品を調べておきましょう」などと、自分に宿題を課すのである。**そのポジティブなひと言が、その場にいる人間にやる気を起こさせる**ことになる。

「誰かがやるだろう」と思ってしまうのは、自分の役割がわからないからなのだ。このひと言には、その場にいる人に自分の役割を自覚させるという効き目がある。

もし、自分で何を提案するべきかわからない場合は、「**何か自分にできることはありませんか?**」などと、自分の役割を人に聞くこともいい。先手を打って自分のポジションをつくることが、ものごとを進めていくきっかけになる。

最初の3秒で好印象を与える表情と態度をマスターする

相手に「あなたの話を聞こう」という気持ちを起こさせるには、コミュニケーションをとりたくなるような好印象を相手に与える必要がある。誠実さや信頼感をアピールして、少しでも相手との距離を縮めることが重要だ。

それには**最初の一瞬**が勝負になる。人ははじめて会う人に対して、まずその人がどのような人であるのか、全神経を集中して観察している。自分にとって価値のある人か、それとも価値のない人かどうかである。第一印象でそれは決まってしまう。最初のひと呼吸の間、わずか3秒ほどの瞬間である。

まず、大事なのはあなた自身の全体の雰囲気だ。「はじめまして」という挨拶をお互いにする前に、**相手はあなたの全身を目でとらえる。**姿勢や表情からあなたという人間を読み取ろうとするので、ここはおろそかにはできない。

「目」と「笑顔」でアピールする

3 Seconds
3秒でジャッジされる
コートを着たまま
たいした奴じゃないな
髪はボサボサ
姿勢が悪い
身なりは大事
しっかりと目を見るのも大事

よく最初から名刺を手に持って挨拶をしようとする人がいるが、これでは相手の視線が名刺に注がれてしまう。素の人間性を受け取ってもらうためには、**最初は名刺を持たず、相手の真正面を向き、相手の目をしっかり見たあとで挨拶する。**姿勢は背筋を伸ばしてあごを引き、自然な笑顔ができればなおいい。

このとき無理に笑顔をつくろうとすると愛想笑いのように見えてしまう。笑顔は口の両端の口角を上げればつくれるが、さわやかな印象を与える自然な笑顔をつくるには、**鏡を見ながら練習する**のがいちばんいい方法なので、ぜひやってほしい。

わかりやすい説明には**アイコンタクト**が武器になる

わかりやすい説明ができる人は、上手な話し方だけではなく、もうひとつ強力な武器を持っている。それが目を使ったコミュニケーション術である。**アイコンタクトが上手な人ほど、聞く人を自分の世界に引き込める**のだ。

まず、目にはその人の自信が表れる。下を向きっぱなしだったり、視線がキョロキョロしがちな人は、それだけで信頼が置けない人間に見えてしまう。しっかり相手の目を見て話すことが、相手との距離を縮めることにもつながる。

アイコンタクトのタイミングは、説明の最初、そしてフレーズの最後や話の締めくくりだ。最後のアイコンタクトは自分の意見に念を押して、相手の同意を促す効果もあるので、とりわけ重要である。

ただし、最初から最後まで相手の目を見続けると、相手を疲れさせてしまう。アイコンタ

アイコンタクトをマスターする

しっかり聞いてくれてる
視線をロックオン
眉と鼻の三角形の真ん中
アイコンタクトすれば相手の反応がわかる
喜んでる…いけそうだ
反応がわかれば対応を変えられる
気に入ってないようだ

クトにはコツがあり、目を直視するのではなく、**相手の両方の眉と鼻が形づくる三角形を見るような感じで視線を送るのだ。**とくに重要な件や主張を通したいときには、しっかりと目を見ると効果的だ。

アイコンタクトが大事なのは、相手の目を見ることによって、相手の反応がわかり、それに応じて自分の話し方を調整することができるからだ。

大勢の前で説明するときは、しきりに頷《うなず》いている人、つまり**あなたに賛同している人**を探して、この人に重点的にアイコンタクトをとりながら話すと、その場の空気を主導しやすくなる。

母音と語尾に注意して、よく通る声で話す

人を納得させる話し方をするためには、**声の出し方**にも注意を配りたい。会話術などの本では、「できるだけ大きな声で話しましょう」などと教えている。しかし、大事なことは声の大小ではない。「**声が相手によく通る**」ことである。自分の発する声がしっかりと相手に届いて、話している内容がわかることが重要なのである。

ポイントは**口を大きく開けて声を出し**、**母音を意識してはっきり発声する**こと。これだけでも言葉が明瞭になり、声がよく通るようになる。

資料などを読みながら説明するときには下を向いて話しがちになるが、顔が下を向くと喉が圧迫されて、よく通る声は出ない。発声するときは顔を上げて、相手を見ながら声を出すことも基本である。

聞き手にとってはあなたが話す文章がクリアに聞こえることが重要で、「です」などの語

声の出し方に気を配る

声が大きいだけでは相手に伝わらない
?
御社の…
興味が…
伝わらなければ望む結果は得られない
おなかに力を入れてしっかり話す
なるほど
御社の○○にとても興味があります
体を共鳴させる

尾はとくにはっきり発声する必要がある。

よく通る声を出すためには、アナウンサーなどが実践している腹式呼吸ができるようになればさらに心強い。

それは呼吸を胸でするのではなく、息を吐くときにお腹に意識を集中して腹筋で息を押し出すようにする方法である。

発声するときも喉ではなく**体を共鳴させるように声を出す**ようにすると、よく通る声になり、相手も聞きやすい。

最近はスマートフォンなどにもボイスレコードの機能がついているので、自分がどんな声を出しているのか、一度自分の声を聞いてチェックしてみるといい。

相づちを進化させて相手の本音を引き出す

説明する相手が思わず本音をもらすように会話を盛り上げるには、「相づち」が欠かせない。漫才が「突っ込み」で話を展開して笑いをとっていくように、相手の会話を促し、相手の面白さを引き出すような「相づち」の上級テクニックを身につけよう。

まず、**会話を相手の本音が出やすくなるように、テンポアップしていく。**それには、相手が話しやすくなるように「相づち」で相手を乗せながら誘導していくことが有効だ。

よく一種類だけの「相づち」をオウム返しのように連発している人がいる。「そうですね」「そうですね」といった単純な「相づち」を繰り返すタイプだ。

「うんうん」「へーっ」「なるほど!」「なーるほど」「ほおーっ」など「相づち」にはたくさん種類がある。それを臨機応変に使い分けて、相手をその気にさせることが第一段階。

次のレベルでは、「相づち」に「突っ込み」を入れるという方法がある。

突っ込み型の相づち

しっかりとうなずく
相づちで相手を盛り上げていく
なるほど
はい!
ほう
へーっ
嫌味にならないよう気をつける
気分がいいな
君には話しておきましょう
盛り上げていけば本音を聞き出せる

「最低ですね。それで?」と、**次の展開を催促する言葉**を矢継ぎ早に放っていく。反復する場合も同様に、相手の言ったことを短くまとめたあとで、「それから?」などと相手の話を促していくことが場を盛り上げていく。

最上級レベルでは、その話の流れをいったん止める、わざとずらすというテクニックがある。ときに話の腰を折ったり、あなたのほうが「ボケ」るのだ。

「相づち」「突っ込み」「ボケ」という笑いの3要素を考えながら会話を進めると、相手が話しやすい雰囲気をつくることができる。

相手の名前を呼ぶと親密度が急速に高まる

何かを説明していて相手と親しくなった気分になるのは、どんなときだか思い出してみてほしい。「**○○さんは～ですね**」などと名前で呼ばれたときではないだろうか。

打ち解けていない人同士での会話で、自分や相手の名前はなかなか出てこないものだ。主語をぼかした会話では、内容がわかりにくくなるだけではなく、勘違いや大きなミスを招いてしまうことがよくあるので要注意だ。

説明の中で相手を名前で呼ぶと、バリアが低くなって会話も弾みやすくなる。はじめて会う人とビジネス・トークをする場合などでは、最初に相手の名前を完全に覚えることが大事だ。**相手の名前をいうことから、その人との親しいつきあいが始まる**といってよい。

渡された名刺を机の上に出してちらちら見ながら説明を進める人がいる。名前の言い間違いを防ぐことはできるが、いちいち名刺に目をやりながら話したのでは、自分の名前を覚え

相手の名前はその場で覚える

名前を覚えてくれてる
「△△」さんの言うとおり
「○○」さんそれはですね
input
input
○○
△△
名刺を見たら「名前」をしっかり覚える

る気がないように思われてしまう。

名刺を渡されたら、肩書きも含めてその場できっちり覚えてしまおう。最初に脳へしっかりインプットしておくと、とっさの場合でも出てくるし、忘れにくくなる。

会話の途中ではじめて相手を名前で呼ぶときは緊張を伴うので、**名刺を渡されたときに、「○○さんですね」と声を出して確認する**と、その後も名前を呼びやすくなるはずだ。また、会話の中に相手の名前を出して存在を織り込むことも大切である。

「○○さんの御意見は重要だと思います」のように話すと、相手への尊重や発言への敬意が印象づけられる。

相談事では聞き役に徹する。アドバイスは間接的に伝える

相手と継続的で強固なつながりを持ちたいときや、今よりもさらに親密なつきあいをしたいときに有効なトーク・テクニックがある。

相手が女性で、もっと自分に好意を持ってほしいと思う場合にも応用できる会話術だ。

例えば、相手があなたに「相談したいことがある」といってきたり、「話を聞いてほしい」といってきたりしたとしよう。

とくに女性が男性に対してそのような会話を持ちかけてきた場合、気をつけたいことは、男性はすぐに結論をいいたくなる傾向にあることだ。

まず大事なことは、**相手の話を最後まで聞くこと**である。途中で話の内容が理解できて、あなたなりのアドバイスが頭に浮かんでも、その時点で会話をさえぎって結論をいうべきではない。とくに女性は**あくまで話を聞いてほしいのであって、結論を求めているわけではな**

話は最後まで聞け

話をさえぎって結論を急いではダメ
実はつまりこういう
なるほど「○○」ということね
…
聞いてくれない
信頼を得られない
しっかりと聞き役にまわる
実はつまりこういうわけで
うん
うん
なるほど
聞いてくれてるんだ
信頼を得られる!

い。すでに自分で結論を出している場合も少なからずあるのだ。

話を聞いてほしいという願望には、問題を共有してほしい、または自分の結論に同意・賛同してほしいという意識が隠れているので、聞き役に徹することが重要である。

もし本当に結論やアドバイスを求めている場合は、その人物に向けた具体的な結論をいうより、「こんな人にこんな話があった」など、**第三者の話や仮定の話として、あなたの結論・アドバイスを相手にそれとなく気づかせる**。相手の真の気持ちを推察して、間接的にメッセージを伝えることも大事なテクニックである。

断るときの会話で あなたの説明力が試される

自分の提案が断られたときや、相手の提案を断るときこそ、その人の説明力とビジネス・パワーが試されるときである。

自分が一生懸命になればなるほど、相手に断られると悔しいものだ。そこで腹を立てたり、なんとか自分を通そうとゴリ押しをしたりすると、相手から反感を呼ぶだけでマイナスにしかならない。そこで関係性が途切れてしまっては元も子もない。

ものごとを解決に導くには継続しかない。そんなときは、まず相手の立場に立って言い分を認め、「わかりました」と、いったん自分を引くことが重要である。

大事なポイントは、相手が「イエス」といわなかったのは、どこに問題があったのか、その原因を客観的に探ってみることだ。**その提案にメリットがないために断られたのか、あなたの説明が十分に伝わらなかったために断られたのだろうか。**

断る人、断られる人

断る人は
断られた人は
店舗用に購入されては？
うーんえーー……でも……
うーんどうしよう……
そんなこと言わずにぜひぜひ
買ってくれるのかな
いらないんだよな
サヨナラ
断る方も断られる方も
説明力が大事
期待させてはダメ
ゴリ押しはダメ

もしメリットがないと思われたのなら、そのメリットに対する再検討や代替案が必要であり、説明がわかりにくいなら、その再構築が必要になる。

逆の立場で、あなたが相手の提案を断るときも気をつかいたい。メリットがないのか、説明がよく理解できないのか、相手にやんわりと気づかせる。これが関係を継続させるテクニックである。

ときにははっきり断ることも必要だ。**中途半端な断り方は、相手に意味のない期待を抱かせ、あとであなたの重荷となってしまう。**断るべきときは、きっぱり断ることもビジネスでは大切である。

第5章

力試しテスト

以下のフレーズは相手の立場を考えていないネガティブな会話です。相手をやる気にさせるポジティブな会話にしてください。

①締め切りまでもう1週間しかありません。
②その企画は見本がないのでダメです。
③5日は、たぶん行けると思います。

答え

①締め切りまでまだ1週間あります。頑張りましょう。②見本があれば、検討の余地があると思います。③5日は行けます。
①は相手への励ましや可能性への期待が感じられるフレーズを心がける。③で不確かな場合は、「勉強会と重ならなければ行けます」などと理由をはっきり言うことが大切。

第2部

「問題解決力」編

「問題解決力」は誰にでも身につけることができるスキルだ

ビジネスにおいていちばん価値が高く、求められる人、それは「問題解決力」のある人だ。それは、ある問題を解決する能力を持つだけではなく、「同じ問題を繰り返さない」「問題を次々に乗り越えられる」人である。

なぜそうしたことが可能なのだろう。それは、その問題がどうして起きたのかという「問題の本質」、いいかえれば「真の問題」を見出す方法を知っているからだ。この方法は応用がきく。この方法をマスターしていれば、新たな問題が出現してもあわてる必要はない。

問題解決のためには、しゃにむにその問題にぶちあたっても解決策は見つからない。問題発見と分析のためにはさまざまな知的ツールが用意されている。ツールを活用して問題を正しく分析し、真の問題を見きわめ、解決に向けた有効な戦略をつくり、実行すればいい。

実はこれは、ツボさえ押さえれば誰にでも学ぶことができる技術である。

第2部

第6章

入門！問題解決力

～問題解決力こそ成功のカギ～

第2部では、この技術を紹介しよう。問題解決力は、人生やビジネスのさまざまな問題が起きたときに大きなパワーを発揮するに違いない。

問題解決力
第6章 入門！問題解決力
第7章 考える力
第8章 発見する力
第9章 分析する力
第10章 解決する力

問題解決力を身につければ人生も仕事もうまくいく

人生や仕事の中で大きな問題に直面したとき、それを乗り越えてさらに前進していく人と、それに押しつぶされてしまう人がいる。両者はどこが違うのだろうか。

問題が大きな壁となって挫折する人には、大きく分けると3つのタイプがある。①この状況は自分では変えられないと諦めてしまい、投げやりになったり、逃げ出したりする。②現状への不満や批判を語り、その原因をあげつらったり、人のせいにしたりする。③自分や自チームのがんばりが足りないためだとガムシャラに乗り越えようとする。

挫折する人の共通点は、何度も同じような問題が起きることだ。そのたびに諦めたり途中でくじけてしまうのだ。問題をなんとかしようという気持ちがあってもどうしたらいいかわからない、問題がいつまでも解決されないまま同じ状況が繰り返されるという悪循環である。

では、問題を乗り越えることができる人はどんな人なのだろうか。

いつも挫折する人にはパターンがある

問題の本質を見きわめる

本質的に問題をみつめないと解決しない

そんな人は同じ失敗を繰り返さない。なぜそれができるかといえば、その問題がどうして起きたのかという「**問題の本質**」がわかり、「問題の解決法」を知っているからである。

問題を解決するにはそれなりのやり方がある。それは決して難しいことではない。問題が何かを知って、根本的なところから行う問題解決は、特別な技術ではなく、普遍性を持った「**学べるノウハウ**」なのだ。

問題解決するスキルを身につければ、立ち止まっていることが多い人生や仕事から一歩踏み出して、新たなチャレンジが可能になるはずだ。

真の問題解決ノウハウは、応用がきく**マスターキー**だ

人が同じ失敗を繰り返してしまうのは、真の問題解決ではなく、偽の問題解決にしたがって行動しているからだ。人の記憶には成功経験が印象深く刻まれている。ついついうまくいった過去の**経験**や、人には説明できない**勘**や、専門分野なら自分の**得意な技術**といったもので解決しようとしてしまう。

仕事や人生ではさまざまな問題に直面するものだ。それが解決したとしても、その場しのぎの方法でうまくいったり、たまたま解決できたのかもしれない。ところが、人はどんな方法でも一度うまくいくと、それがいちばんの解決法だと思い込んでしまいがちなのだ。

重要なことは問題を解決するには、「解決するための考え方や方法」があるということだ。**それは問題の本質を探って、解決する方法を組み立てていくプロセスであり、さまざまな問題にも対応できる普遍的な考え方や方法である。つまり、真の問題解決法である。**

マスターキーを手に入れよう

以前これで解決したから今回もこれで
ノウハウ
合わない！
特定の問題しか解決できないノウハウでは意味がない
これを使えば
ノウハウ。
合った
こっちも
あ
誰にでも使える「マスターキー」を共有することが大事

例えば、自分の得意分野や専門分野のことなら解決できるが、他の分野や未知の問題に関してはお手上げという人がいる。

本当に仕事ができる人とは、問題解決のノウハウを持っていて、どんな問題が起きてもしなやかに迅速に対応できる人である。そんな人は問題の本質を他人にわかりやすく**説明**することができる。さらに、解決法を同じチームで**共有**することもできる。

真の問題解決のスキルを身につければ、どんな問題が起きてもあわてることがない。途中でうまくいかなくても解決へのプロセスがわかっているので、途中で修正して正しい解決へ導くことができるからだ。

「根本的な問題はこれだ!」と問題発見する3つのステップ

まず、問題解決のプロセスを理解することからはじめよう。

それは、問題を発見する→その問題を解決するための方法を考える→その方法を確実に実行する、というものだ。例えば、売上げが落ちてきた商品に関してなら、「デザインが飽きられた」→「全面的なモデルチェンジをする」→「そのためにマーケット・リサーチの実施とデザイン案を提出する」といった流れになる。

まず最初は「問題発見」である。商品の売上げが落ちた、**その原因となる「本質的な問題」を探し、特定する**という作業である。商品の何が消費者に飽きられたのか、といった根本にある問題点をはっきりさせるプロセスだ。

しかし、本質的な問題の発見はそう簡単なことではない。問題解決がうまくいかないのは、そもそもの出発点である「問題発見」に必要な「3つのステップ」をきちんと行わないまま、

問題発見へのステップ

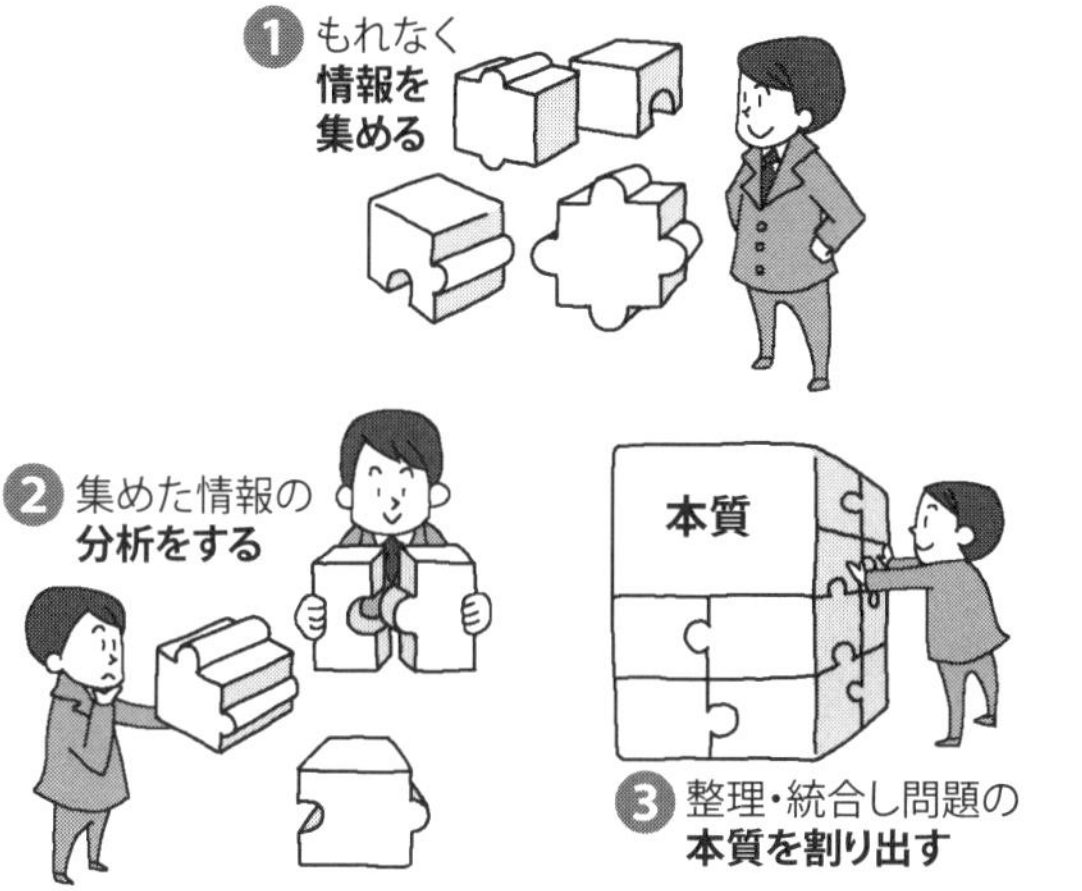
①もれなく
情報を
集める
②集めた情報の
分析をする
本質
③整理・統合し問題の
本質を割り出す

解決方法の決定という段階に進んでしまうことが多いからだ。

問題発見に不可欠な3つのステップとは、①もれなく**正確な情報を**収集する、②その情報がどのような関連にあり、どんな意味を持っているかを**分析**する、③分析したものを**整理・統合**して問題の本質を割り出す、というものだ。

実は問題解決の7割程度は、真の問題はどこにあるか、それを正しく見つける問題発見で決まる。この問題発見力を強化するために、次のページのロジックツリーをはじめ、さまざまなツールが用意されているのである。

階層的に掘り下げて
本質的な原因を究明する

本質的な問題に行き着く最も簡単な思考方法が「ロジックツリー」である。これは図を使った思考方法で、**大きな問題を枝分かれのように小さく分解していきながら、根本的な問題をあぶり出していく方法**だ。

重要な点はロジカル（論理的）に、テーマを細分化してもれなくすべての可能性を列挙していくこと、既成概念にとらわれずに思いついたことをできるだけ盛り込むことが大切だ。

例えば、「**遅刻が多い**」というテーマなら、「なぜ」を階層的に掘り下げていく。「朝起きるのが苦手だから」↓「なぜ苦手なのか」という具合に理由を追及していく。「夜更かしをするから」↓「なぜ夜更かしをするのか」↓「なかなか寝られないから」↓「なぜ寝られないのか」↓「**今の仕事にストレスがあるから**」。このようにして、「現在の仕事の問題点」などが遅刻の根本の原因として浮かび上がってくる。

原因を掘り下げる

また君か
遅刻が多い
なぜなのか？
朝起きるのが苦手
なぜ苦手？
夜更かしをするから
なぜ夜更かしを？
根本原因
仕事にストレスが多いから

MECEの原則を守って「もれ」と「ダブり」のない分析を行う

「ロジックツリー」で考えると、「原因と結果」「全体と部分」「目的と手段」といった各階層の関係が見えてくる。その際の注意点は、それぞれの階層の中に「**もれ**」や「**ダブり**」がないことだ。

この条件を満たすことを、ロジカルシンキングではMECE（Mutually Exclusive and Collectively Exhaustive）と呼んでいる。日本語読みでは「ミーシー」もしくは「ミッシー」だ。**「それぞれの事柄にダブりがなく、全体としてもれがない」状態のことだ。**

解決法に「もれ」があると解決にたどり着けない場合がある。解決法に「ダブり」があると、同じような解決法を試みることになり非効率になる。

例えば、ある商品のターゲットを考えるときに「OL」か「主婦」かという分類で議論を進めることがある。「OL」「主婦」でMECEだろうか、と問いかけてみる必要がある。「O

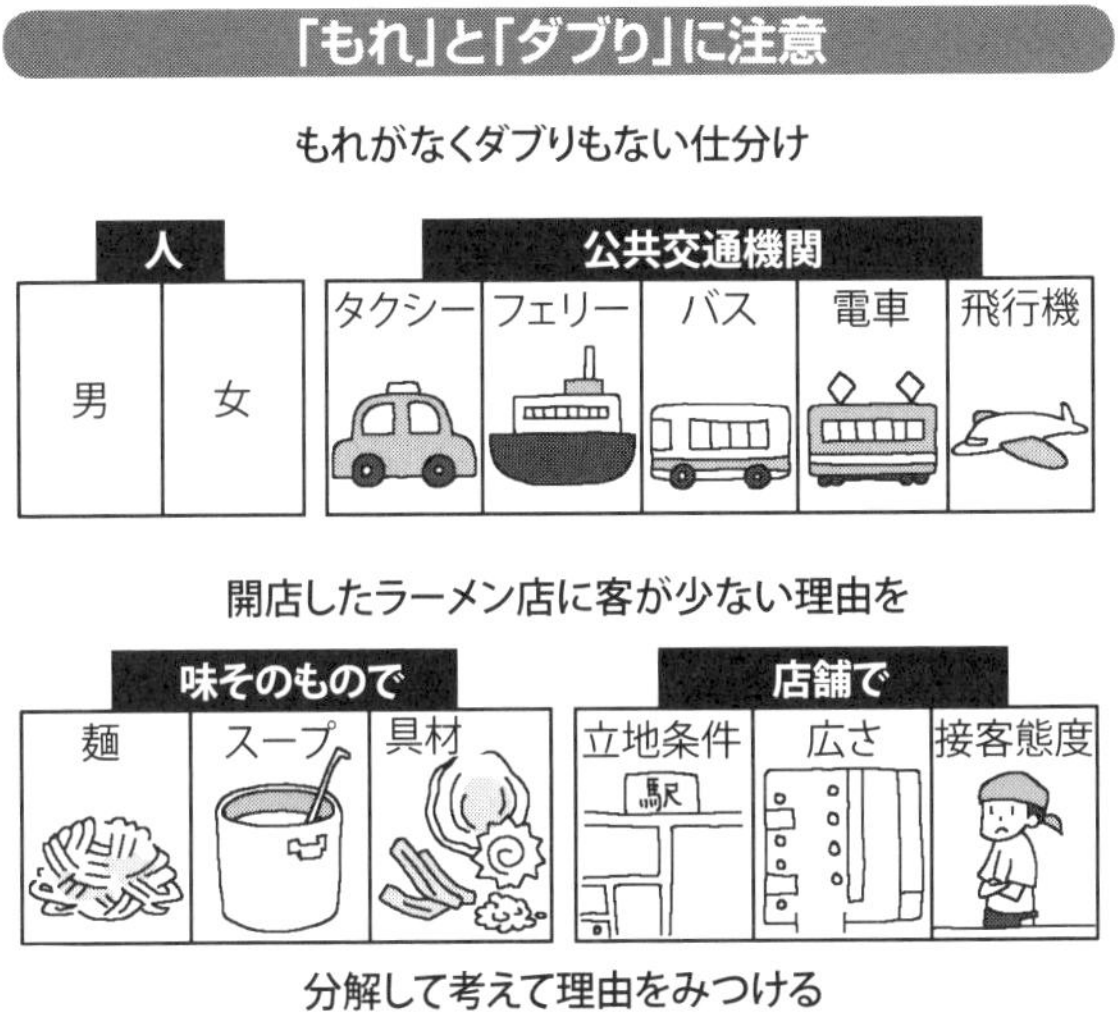
「もれ」と「ダブり」に注意
もれがなくダブりもない仕分け
人
男
女
公共交通機関
タクシー
フェリー
バス
電車
飛行機
開店したラーメン店に客が少ない理由を
味そのもので
麺
スープ
具材
店舗で
立地条件
広さ
接客態度
駅
分解して考えて理由をみつける

Lでかつ主婦」がもれており、これを加えてはじめてMECEになる。

例えば、**「ラーメン屋を開業したが客が少ない」**という問題を例に考えてみよう。

ラーメンの味に原因がある、としても味をさらに分析するには、「スープ」「麺」「具材」などさまざま切り口があり、MECEを満たすには各種の視点が必要になってくることがわかるはずだ。

さらに、客が少ないのには、味のほかに「宣伝ができていない」「立地が悪い」など、さまざまな問題点が考えられる。それらを徹底的にあげることによって本質的な問題に近づくことができる。

手応えを感じたら 仮説と検証で問題解決を進める

ロジックツリーのような論理思考をあまりに細かく進めると、本質的な問題に行き着くまでに時間がかかるものだ。そんなときには「**仮の結論**」を立てて、そこから始めることも有効になる。それが「仮説思考」である。

完璧を求めすぎると結論が出るまでに時間がかかる。結論に至るにはそれが正しいかどうかを判断する検証が必要だが、完璧にこだわっていると結論が出るのが遅くなり、意思決定も遅れる。やるべきことが多くなり作業効率が悪化するという悪循環をもたらすこともある。

7、8割程度の手応えを感じたら仮説を立てて、問題解決のプロセスを前進させるほうがいい。**「仮説思考」では、仮説を立てたらすみやかに検証する。そして正しくないことがわかったらすぐに修正する。**

仮説の検証には客へのアンケートや生の声の聞き取りも有効だ。さまざまな意見を拾い上

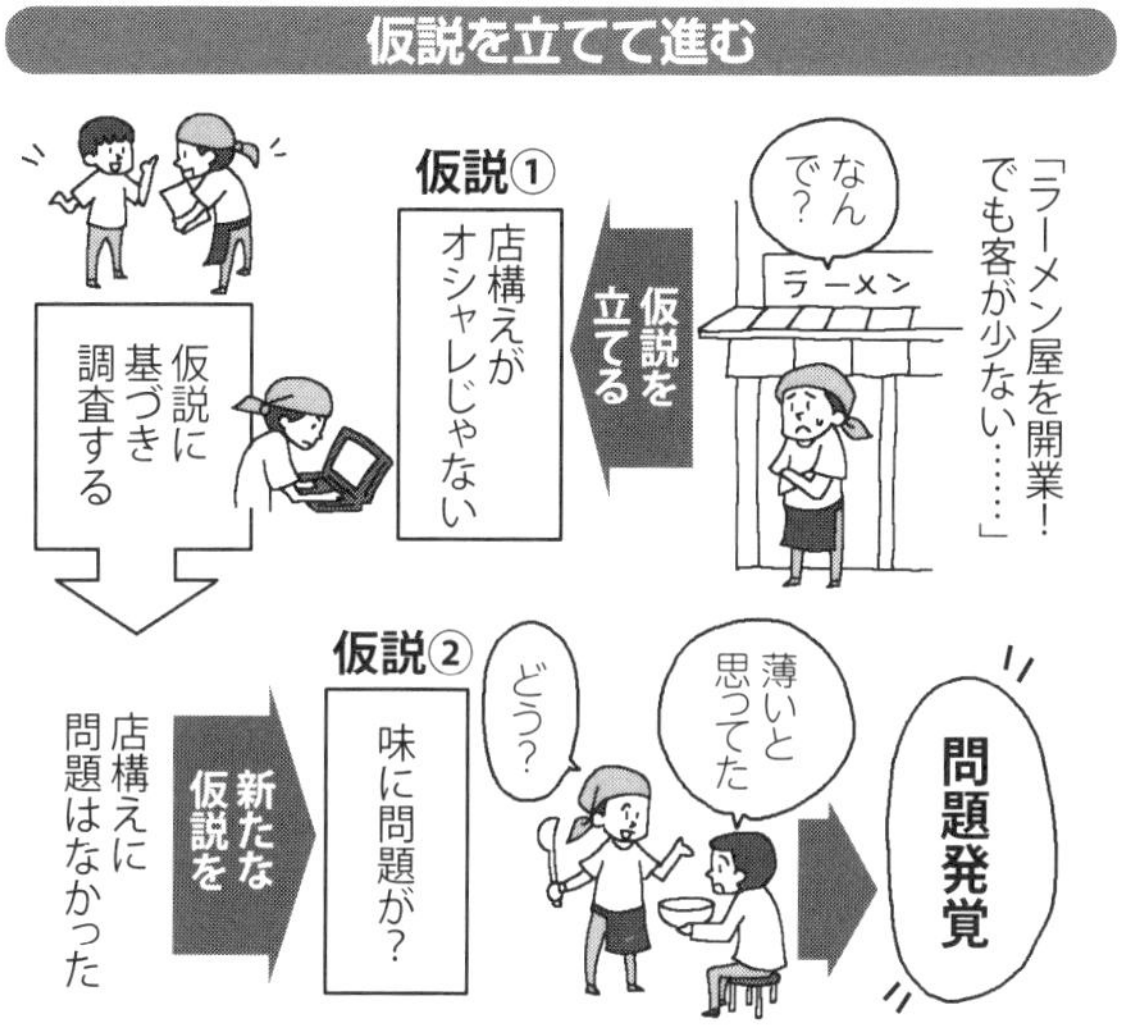
仮説を立てて進む
「ラーメン屋を開業！
でも客が少ない……」
なんで？
ラーメン
仮説を立てる
仮説①
店構えがオシャレじゃない
仮説に基づき調査する
店構えに問題はなかった
新たな仮説を
仮説②
味に問題が？
どう？
薄いと思ってた
問題発覚

げて仮説をテストする。はじめの仮説にこだわらず、修正して新たな仮説を立て、再びこれを検証する。

「ラーメン屋を開業したが客が少ない」というテーマで考えてみると、**「女性が入りにくい店構えだから」**といった仮説を立てることができるかもしれない。

それを「本質的な問題」と仮定して問題解決のプロセスを進め、来店した客にアンケートに答えてもらったり、直接客に質問したりすることで、本当に女性が入りにくいのかどうかを検証する。こうして検証を続ければ、「客が少ない」というテーマにおける真の問題発見に近づいていく。

現実的な解決策を見つける「マトリクス」のつくり方

仮説と検証を行って「本質的な問題」がわかり、複数の解決策が浮かんだとする。それらをひと目でわかりやすく「見える化」する方法がある。それが「マトリクス化」だ。

「マトリクス」とは、**縦横の軸でつくられた空間に情報を整理すること**だ。ある現象がどこにあるかを表示していくことによって、それぞれの関係や有効性が確認できる。

マトリクス分析では「縦軸と横軸を何にするか」が重要になる。「効果」と「実行のしやすさ」といった対立しがちなことがらを軸に設定すると、現実的な有効性を絞り込むことができる。

実際に図式化するには左下を原点にして、**「効果」なら「低い」ものから「高い」ものを縦軸に、「実行のしやすさ」なら、「簡単」なものから「難しい」ものを横軸に位置づけていく。**

「ラーメン屋を開業したが客が少ない」という問題をマトリクス分析で考えてみよう。

マトリクスで見渡す

実行の難易度で効果を
視認できる
雑誌に
のせて
もらう
改装する
チラシを
作る
高
効果
低
簡単
実行のしやすさ
難しい
チラシなら
すぐにでき
そうだぞ

例えば、集客率が悪い原因を「女性が入りにくい店構え」とすると、「店を全面的に改装する」という問題解決策が思い浮かんでくる。

これをマトリクス化すると、効果はかなり高いと思われるので縦軸の上のほうに位置する。

しかし、横軸の「実行のしやすさ」という点では、店を改装するのには多額の費用がかかるのでかなり右側の「難しい」に位置する。開業したばかりの店では、「店を全面的に改装する」という問題解決法には、**現実性が薄い**ということがひと目でわかるだろう。

ＰＤＣＡサイクルを回し続けて生産性を向上させる

問題を解決する方法が固まったら、それを実行プランに落とし込む段階に進む。そのときに役立つのが、**ＰＤＣＡサイクル**と呼ばれる手法である。これは生産管理や品質管理などの業務を確実・迅速に進めるために考え出されたものだ。

Ｐは「**Plan**」（**計画**）で、問題解決のための計画を作成すること。Ｄは「**Do**」（**実施・実行**）で、計画通りに行うこと。Ｃは「**Check**」（**検討・評価**）で、その行ったことが計画にそっているか確認すること。そして最後のＡは「**Action**」（**処置、改善**）で、計画どおりに進まなかったり、不都合なことが起きたりした場合に修正することである。

Ｐ↓Ｄ↓Ｃ↓Ａを行って、最後のＡを次のＰＤＣＡサイクルにつなげていく。改善を継続しながら、**スパイラル（らせん）状に生産性や品質を上げていく。**

ＰＤＣＡサイクルを実行してみると、人によって４つのステップのどれかに重点を置き、

PDCAサイクルを回す

「Plan」
計画を練る
「Do」
実行する
「Check」
検討・評価
する
「Action」
処置・改善
する
そして
新たなPへ
P
D
C
A
P
P

他のステップが軽視されがちなのがわかる。

例えば、何事にも慎重に慎重を重ね、そのかわり決断・実行が伴わないタイプの人がいる。このタイプの人はPの計画と、Cの検討ばかりを気にかけて、Dの実行がおざなりになりがちなのである。

そうならないように、PDCAの各ステップにパワーをしっかりと配分してサイクルを完了することが重要だ。また、PDCAサイクルを何日、何週間で回せるかというサイクル・タイムも問題解決の効率化には重要。**少しでも短くなるようにPDCAサイクルを回せる人**が、問題解決力の高い人である。

第6章

力試しテスト

ロジックツリーをつくろうと思います。下の項目はMECE（ミーシー）になっているでしょうか？

飲みものの市販容器をすべてあげよ。

①ビン
②スチール缶
③アルミ缶
④ペットボトル
⑤陶器

答え

MECEとは「それぞれのことがらに重なりがなく、全体としてもれがない」状態のこと。「ぬけ」の代表的なものでは「紙パック」がある。しかし、世界ではビニール袋に飲みものを入れるようなところや、まったく新しい素材の容器もあるので、「その他」も考えられる。

第2部

第7章

考える力

～論理思考の技術を身につける～

「問題」とは現状と理想とのギャップのことである

あなたは、いつも「問題を見つけようとする意識」を持っているだろうか。例えば、「自分のラーメン店で、ある商品の売上げだけがよくなかった」としよう。問題意識がない人は、その商品は目玉商品ではないので、そこそこ売れていればいいと思ってしまう。現状に満足して問題を見つけることができないのだ。

しかし、問題意識のある人は、そのラーメンを提供する以上、そのラーメンをつくるための材料を用意しておかなければならず、あまり数が出ないと、そのぶんだけ廃棄したりロスが出るので、よくないと考えるだろう。

それが問題発見の入り口である。ここで重要になってくるのが、そもそも問題とはいったい何かということだ。問題解決をするための**問題とは、あるべき状態、理想の状態と今の現実がどれだけ離れているかである。期待するものと現状とのギャップのこと**だ。

問題とはギャップだ

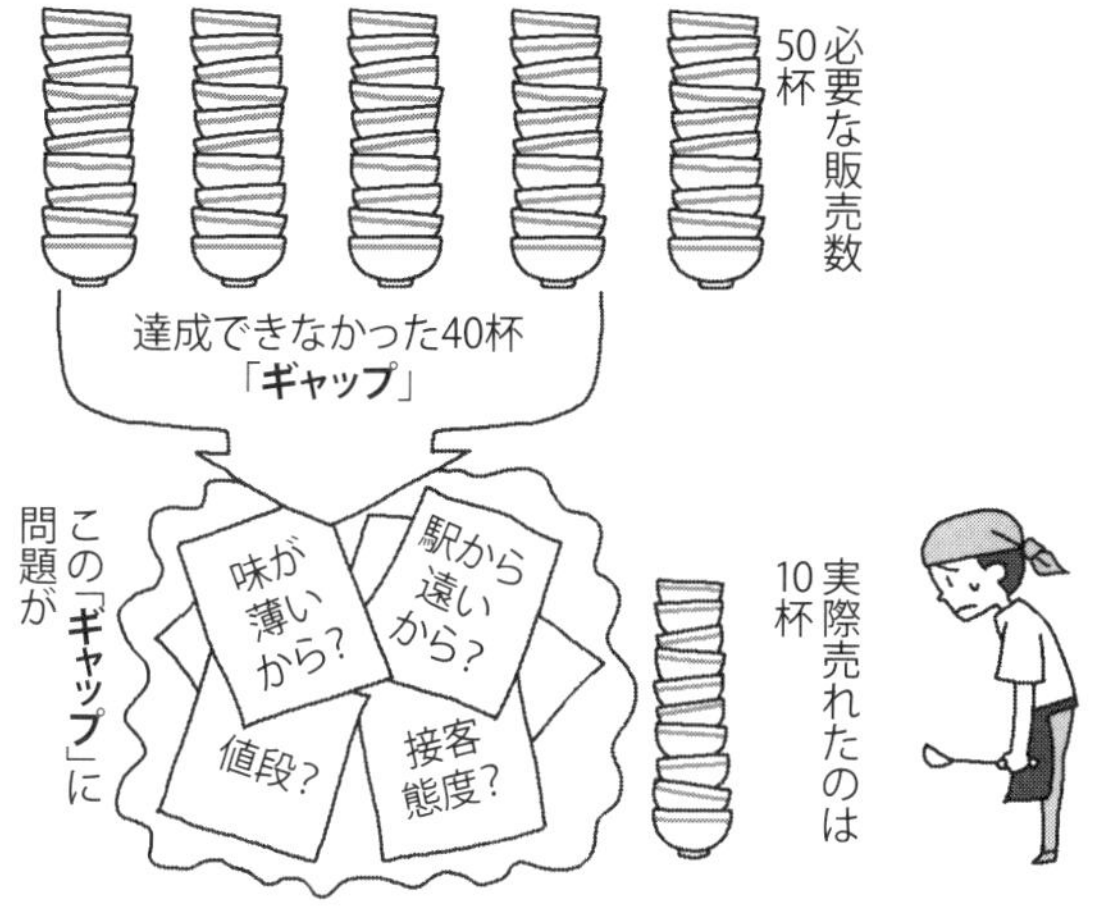
必要な販売数
50杯
達成できなかった40杯
「ギャップ」
この「ギャップ」に
問題が
味が薄いから?
駅から遠いから?
値段?
接客態度?
実際売れたのは
10杯

その商品でいえば、一日に50杯出ていれば収支的にも理想の状態で、現状は10杯だとすると、理想との差である40杯が問題ということになる。このギャップが認識できなければ、問題も意識できないし、問題解決もできない。問題解決とは、理想と現実の間に生じたギャップを「問題」として意識し、そこにある問題を解消・改善して、理想の状態にすることである。

理想と現実の両方を具体的に認識することも大切だ。ただ「少ない」ではなく**「どれだけ少ない」のか**、**理想の売上げは何杯なのか**というはっきりした数値や目標を定めることがまず重要になってくる。

回復問題でギャップを解消し、向上問題でさらに進化する

問題解決とはギャップを解消していくことである。しかし、その前にギャップの認識にも大事な点がいくつかある。

まず、**理想の最大値をどこに置くか**が重要だ。理想を高すぎるところに置くと、その達成が難しくなって途中で諦めたり、やる気をなくしたりすることが多くなる。反対に低すぎるところに置くと、その困難を乗り越えたときに達成感が得られにくくなる。ギャップは埋めるための手を打てる範囲であることが大切だ。

次にギャップは**チームで共有すること**。関係者が同じ問題意識を共有していなければ、ある人が改善策を提案しても、現状でよいと考える人にとっては、たんなるおせっかいと思われるだけだ。「問題」は共有されるものになってはじめて有効な問題解決になる。

また「理想」は「ベストを尽くす」といった、抽象的なものであってはならない。数字な

「回復問題」と「向上問題」はここが違う

5台売らないと赤字になる
売れなかった3台
3台のギャップが
回復問題
回復問題
クリア後
次は
向上問題だ
プラスの目標
問題はチームで
共有する

ど**具体的なもの**であることが必要だ。

もうひとつ大事なことは、**問題には「回復問題」と「向上問題」がある**ことだ。

マイナスの問題が見つかって解決できたことは、ギャップが埋まってマイナスからゼロに到達したということだが、あくまでそれは失地回復にすぎない。

進化し続けるためには、さらにその先にゴールを設定して進まなければならない。

「向上問題」とは、ギャップの解消でゼロに到達したあとに、さらにプラスの地点に新たな理想を設けて、それに向かって前進することに意義を感じられるような問題のことである。

トヨタ流「なぜなぜ5回」法で問題解決のヒントを探す

問題解決には、120ページで紹介したような「原因の階層的な掘り下げ」が欠かせない。しかし、1回や2回ではいけない。ある問題の原因がすぐに見つかったとしても、原因がたくさんある場合や、もっと根本的な原因がほかにもある場合が多いからである。**真の原因を解明するために考えられた方法が、トヨタが行っている、ひとつの問題に対して「なぜ」を5回繰り返すという手法だ。**

例えば「顧客によく違う商品を渡してしまう」という問題を考えてみよう。「なぜ」への答えは、主語をひとつにした「○○が～だから」といった単純な構文にする。

「よく違う商品を渡してしまう」↓①**なぜ**↓「同じような商品が並んでいたから」↓②**なぜ**↓「パッケージが似ていたから」↓③**なぜ**↓「スタッフが商品を手に取る際に確認しなかったから」↓④**なぜ**↓「確認という作業手順がなかったから」↓⑤**なぜ**↓「社員に確認を徹底

なぜなぜ5回

"問題発生"
掘り下げていく
なぜなのか
Bだから
なぜなのか
Cだから
なぜなのか
Dだから
なぜなのか
Eだから
なぜなのか
本質に到達
ゴール

するルールがなかったから」。こうして問題の背後にある本質的な原因を絞り込む。

ただし、掘り下げていくと、「社員の意識」や「組織の仕組み」に関する問題ばかりが結論になってしまうこともよくある。

枝分かれしていく項目がそれ以上たどれなくても、それまでの問いに問題解決のヒントがあることも忘れるべきではない。

例えば、「パッケージが似ていたから」という項目から導かれた、「わかりやすく商品ごとにデザインを変える」という方法が、「よく違う商品を渡してしまう」という問題の最も簡単な解決法かもしれないからだ。

常識や過去の経験をリセットし、**ゼロベース**で考える

自分の思考が何かにとらわれて前に進まない、考えが停滞状況になっている気がするときには、それまでの考え方をいったん「ゼロに戻す」ことも必要である。

例えば、長年通い続けてきた理髪店があるとしよう。店主とも親しいし、技術もある店なので、今までなかなか店を変えるきっかけがなかった。しかし、シャンプーなどはない代わりに既成店の数分の1という破格な料金を売り物にする理髪店が近所にできたとしよう。

ここで、いったん**以前のしがらみを取り払って考えてみる**。そもそも理髪店の技術は店によってどれほど違うのだろうか。シャンプーは必要なことなのか。価値に見合うサービスとはいったい何なのか。

このように「**ゼロベース思考**」で考えると、そこにある本質的な問題が見えてきて、それに対する新たな認識や方向性がみつかることがある。

ゼロベース思考

A店
古くからのなじみ
B店
新しい店
今まで持ち続けてた「理由」を一度リセット
理由もあるしいままでのとこでいいか
話が楽しい
高級リンス
A店に通ってた理由
いったん思考をゼロに
全部がなくても安くて上手い

124ページで紹介した「仮説思考」がひらめきや意外な発想から新しい考えを進めるのに対して、**「ゼロベース思考」は、過去の経験や業界の習慣、世間の常識といったワクからいったん出て、何もない原点から考えてみる方法だ。**

今までの経験が長いほど、人は既成の概念、常識、発想のワクに縛られがちだ。そして多数派が選ぶ道を選択しがちだ。問題解決には、あえてワクを出て、多数派が行かない道を行ってみることも必要だ。

勇気のいることだが、そんな選択が大成功を導くことも、多くのチャレンジャーが示している。

矢印を使いこなせば論理思考の達人になれる

論理的な思考の手助けになるのが「書くこと」、そして「図を活用すること」だ。

ものを考えるときに、頭の中だけで行うよりも、紙に書き出すなどしてその考えの流れや方向性を確認しながら行うほうが正確に、そしてスピーディに考えることができる。

まずは、箇条書きにしてみる。長い文章である必要はない。キーワード、または「デザイン変更」といった簡単なフレーズでよい。

しかし、箇条書きにしただけでは論理思考になったとは言えない。論理的な考え方とは、**「あるものごと」と「他のものごと」の関係がはっきり見えて、話の流れが他人にもわかりやすく説明できるような考え方**である。

そのためには言葉以外に**視覚化の要素**を加えると一段と論理的になり、わかりやすくなる。

中でも最も簡単で効果のあるツールが、本書43ページでも登場している「**矢印**」だ。

矢印は最高のツールだ

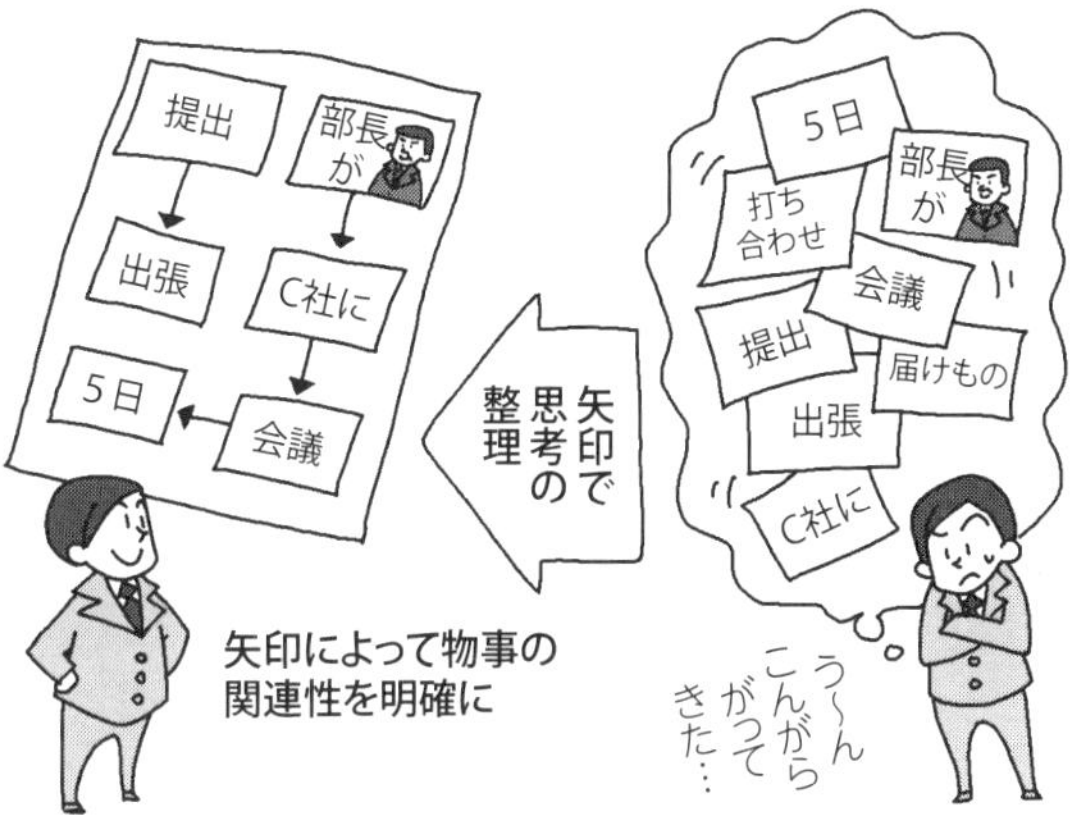
提出
部長が
出張
C社に
5日
会議
矢印で思考の整理
5日
打ち合わせ
部長が
会議
提出
届けもの
出張
C社に
矢印によって物事の関連性を明確に
う〜ん こんがらがってきた…

メモを取るときや人に説明するときに矢印を使って図解する習慣をつけると、相手にわかりやすいだけでなく、自分にも論理思考が身についてくる。

矢印が表す意味にはいろいろある。代表的なものは「販売予測の失敗↓在庫の増加」のような**原因と結果**、「A社↓B社」のような**プロセスや関係性**、「9月10日↓10月5日」のような**期間や時間の経過**などで、これらは「↓」の記号によってこそ明確に示すことができるとさえいえる。

矢印で表せないものは省く、つまり単独に存在するものごとをカットすると、論理はいっそう明確になるのだ。

ピラミッド・ストラクチャーで下から上に検討を進める

大きな問題からスタートして、小さな問題に掘り下げていくロジックツリーによる問題解決は、結論を急ぎすぎると机上の空論になる場合がある。

会社の意思決定が上から下に強制力を持って下りてくるのと同様に、上から下にトップダウン的に展開されただけのものになってしまう危険性があるのだ。

これに対して下から上へ意思決定が昇っていくボトムアップ的な論理展開がある。「ピラミッド・ストラクチャー」と呼ばれる思考方法である。

「ラーメン店の売上げを伸ばす方法」なら、「価格を安くする」「ポイントカードをつくる」「サービスデーを設ける」「駅前で案内チラシを配る」など、売上げを伸ばすことができそうなことを書き出して、その有効性や可能性を探っていく。「現状の改善」なら、これまでにその店でやってきたことをすべて書き出したものを考察のスタートにする。

ボトムアップで問題解決

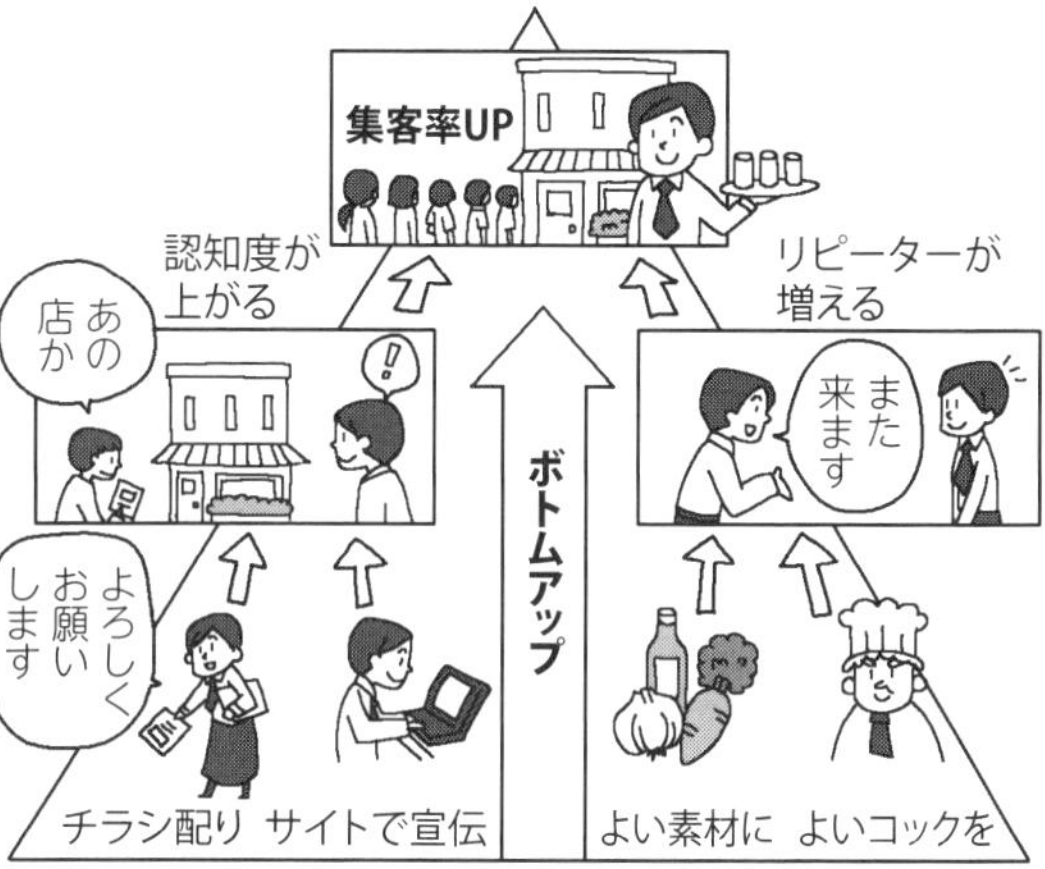
集客率UP
認知度が上がる
リピーターが増える
あの店か
!
また来ます
ボトムアップ
よろしくお願いします
チラシ配り
サイトで宣伝
よい素材に
よいコックを

この「ピラミッド・ストラクチャー」の長所は、**これまで試してきた解決策や失敗の経験などを出発点にできるために、チームのメンバーが現実感を持って検討しやすい**ことである。

チーム全員が共有する情報や事実に基づいて検討でき、結論に行き着く筋道が見えやすいこともメリットといえる。

チームの意見が理想論に傾きがちなときなど、**現実に即した問題解決のヒント**が得られやすい。

メンバーに向けて、あることを主張して説得したいとき、この方法を使えば論拠がストレートに伝わる。

チャートを使いこなして論理を視覚化する

チャートなど「視覚的なツール」を使いこなすだけで、考える力はアップする。矢印をはじめさまざまな記号や図形を使うと、**情報と情報の関係や論理の流れがわかりやすくなる。**代表的な形を覚えて、意識的に活用する習慣をつけたい。

チャートの代表的なものとしては、階層的な構造や組織を表す「**ロジックツリー**」、作業の手順や手続き、論理の流れなどを表す「**フローチャート**」、グループ分けやカテゴリーを表す「**ベン図**」、階層構造を表す「**ピラミッドチャート**」などがある。

中でも日程やスケジュールを表すときに便利なのが「**ガントチャート**」だ。これはプロジェクトの進行状況をデッドラインとともに書き入れるチャートで、全体の流れや、やるべきことのボリュームなども見せることができる。期限を定めた「問題解決」の実行・進行管理などにも使える。

チャートを使いこなす

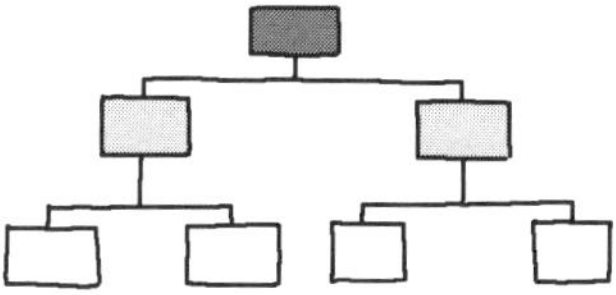

ロジックツリー

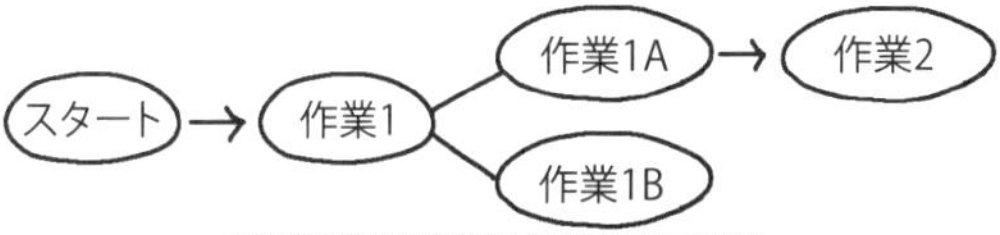
スタート
作業1
作業1A
作業1B
作業2

フローチャート

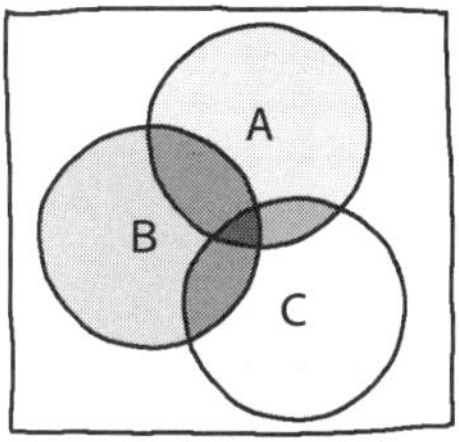
A
B
C

ベン図

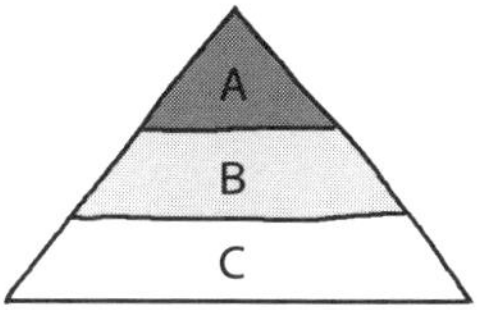
A
B
C

ピラミッドチャート

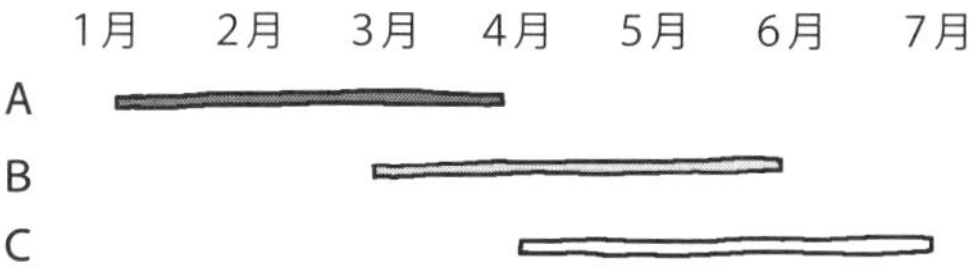
1月
2月
3月
4月
5月
6月
7月
A
B
C

ガントチャート

目標は**現在形で紙に書く。**逆算で「今やること」を決める

今ある問題を解決して、さらに前へ進む。そのためには、自分が向かうべき目標を決めることが大切だ。この場合の目標とは仕事の最終的なゴールや自分が成功する未来図である。ゴールや未来図を明確に掲げることは、まだ達成されていない成功と現在の自分とのギャップを認識して、**夢の実現に向けて進むための第一歩**である。

願望を現実に変えるためには、自分を追い込むことも必要になる。それには自分が今できそうなことではなく、実現するためにはかなりの努力を要するような、壮大な理想や遠いゴールのほうがいい。例えば、「〇のジャンルで世の中を変える大ヒット商品を出す」でも、「独立して社長になる」でもいい。

しかし、願望は頭で考えているだけでは、いつまでたっても願望のままである。それを「現在形」で言葉にして眼に見えるように壁に貼るなど、具体的な形にすることが必要である。

目標は言葉にして宣言する

願望を紙に書こう
いつかすごい人になるんだ
漠然と頭で思い浮かべるだけではいけない
しっかりとギャップを認識
CMディレクターになるぞ!
ほー
へー
周囲にも話し、自分を盛り上げていく

自分の願望を紙に書いて壁に貼ることは、未来のあるべき自分の姿をはっきりと設定して、「このままではいけない」と現在の自分にプレッシャーをかけることだ。

なりたい自分に近づくためには、ゴールである未来からたえず**逆算**して自分を見ることが必要なのだ。壁に貼った自分の夢を見れば、今自分が何をやらなくてはいけないかが見えてくるはずだ。

さらにプレッシャーとなるのは、**自分の願望をまわりの人々に言う**ことだ。「自分はこうなる」と自分の未来を宣言する。自分をポジティブ思考に追い込むことも問題解決の重要なアプローチである。

第7章

力試しテスト

苦境が続くファミリーレストラン業界の中で、好成績を上げ続けるサイゼリヤの「ゼロベース思考」は以下のうちどれでしょうか？

①メニューをイタリアンだけにした。
②厨房を女性だけにした。
③包丁をなくした。
④高価格店の近所に出店した。

答え

③のレストランには必ずあるはずの包丁を、厨房に置かないことにしたこと。料理に使う材料は、専門の工場でカットされて各店舗に搬入される。専門の料理人を置く費用や労力がカットできて、圧倒的な低価格化が実現できた。人が頼りがちになる常識や過去にとらわれることなく、まったくゼロの地点から発想することを「ゼロベース思考」といい、そんな「非常識」から大成功がときに生まれる。

第2部

第8章

発見する力

～現象の奥に本質を見つける～

発散思考でアイデアを生産し、収束思考で結論をまとめる

前章では問題解決のために欠かせない「論理的に考える力」について解説した。ここからは「問題を発見するための思考技術」を解説しよう。

問題発見のプロセスには2種類の思考方法がある。「発散思考」と「収束思考」である。**「発散思考」は、アイデアをたくさん出して可能性を探り、選択肢をつくること、「収束思考」は、たくさんの選択肢の中からアイデアを絞ってひとつの結論にまとめることだ。**

そもそも問題解決の訓練では、ひとつの問題からひとつの結論にただちに行き着くことではなく、多種多様な解決法の中から最適な解決法を探り出すことが重要になる。これを習慣づけることで、さまざまな問題が発見できる普遍的な問題解決力がアップしていくからだ。

「発散思考」には、ひとつの視点を決め、それをヒントに発想していく方法、似たものを探すことから発想していく方法、さらに、思いつくままに発想していく方法がある。

「発散」と「収束」

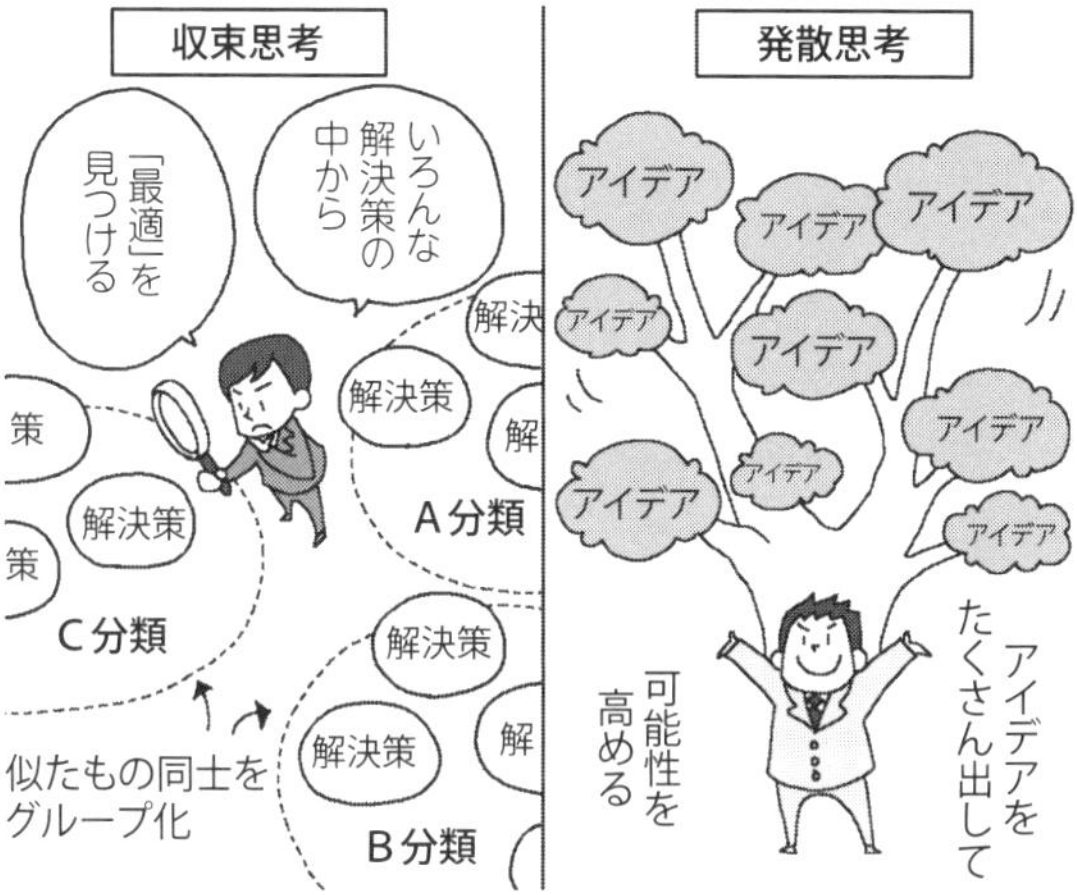
収束思考
いろんな解決策の中から
「最適」を見つける
解決策
A分類
C分類
B分類
似たもの同士をグループ化
発散思考
アイデア
アイデアをたくさん出して
可能性を高める

「収束思考」には、集まったアイデアをひとつの分類にまとめていく方法、アイデアを似たもの同士で集めて新しい分類にまとめる方法、アイデアを原因と結果で整理してまとめる方法、アイデアを時間の流れで整理してまとめる方法などがある。

例えば、多人数が集まって、あるテーマに対して自由にアイデアを出し合っていく「**ブレーンストーミング**」は「発散思考」の代表例である。

ここでアイデアが出尽くしたら「収束思考」のプロセスを行う。**「発散思考」と「収束思考」の視点を変えて数回繰り返すと、より問題解決の精度が上がっていく。**

脳のフィルターを外して先入観なしに考える

問題発見の邪魔をするのは何だろうか。**人間はものごとに対して自分の先入観を捨てることが難しく、どうしてもフィルターを通して見てしまう**ことである。新しい問題にぶつかっても、それを根本的に解決できない理由は、この先入観というフィルターが邪魔をしている場合があるのだ。

例えば、かつてある自動車メーカーがクルマの塗装の検査工程で、どんな小さなホコリでも発見できる自動撮影装置を導入したことがある。この装置により、塗装クレームの問題が大幅に減った自慢のシステムである。

ところが数年後、塗装工場からその世界最先端の装置が消えた。塗装後にホコリを見つけるという発想自体が、先入観だったという。人が介在する以上、どうしてもホコリが入る。原点にかえって塗装を考えると、ホコリをゼロにするには人間を塗装工程に入れないことが

フィルターを外す

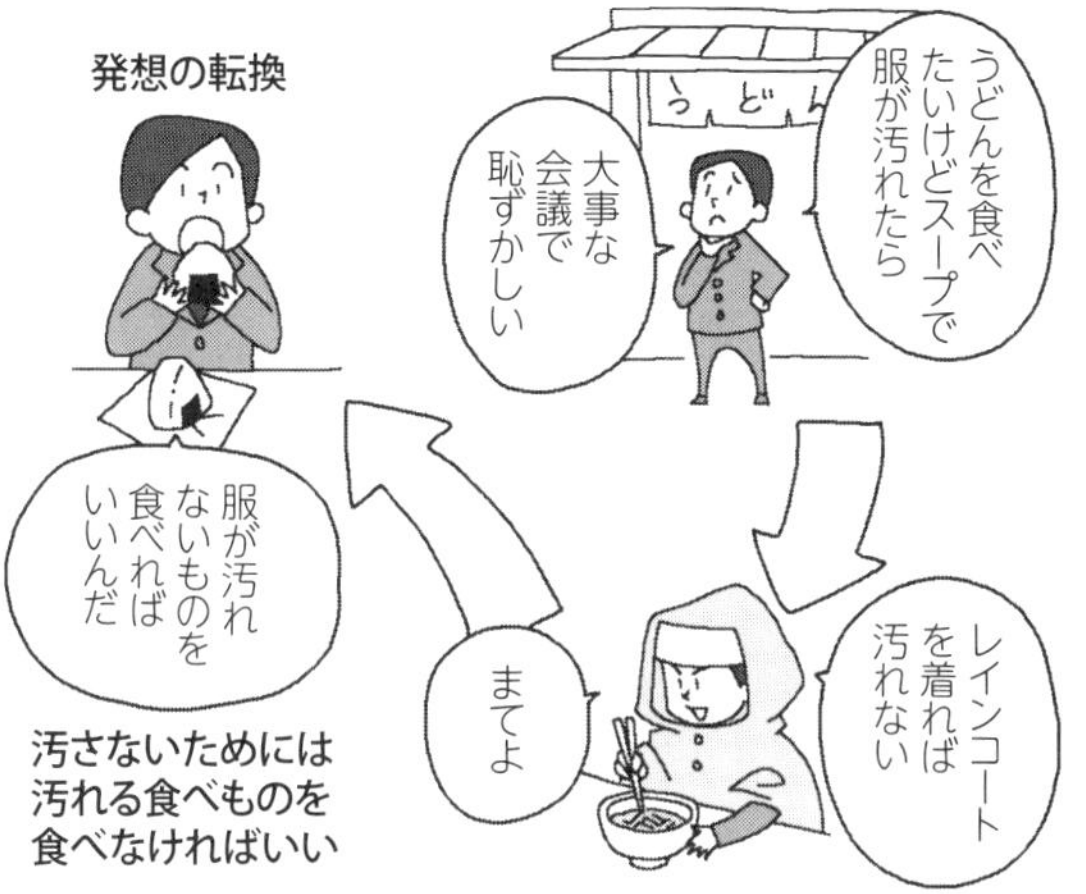
うどん
うどんを食べたいけどスープで服が汚れたら
大事な会議で恥ずかしい
レインコートを着れば汚れない
まてよ
服が汚れないものを食べればいいんだ
発想の転換
汚さないためには汚れる食べものを食べなければいい

唯一の解決策であるとわかった。塗装のすべての工程にロボットを導入して完全無人化を図ったのである。

つまり、**ホコリを後で取るのではなく、ホコリを生み出さない方法を考えた。**こうしてホコリ問題を解決し、そのシステムを実現したのだ。

問題の本質を発見することはそう簡単ではない。常識と思われていることを徹底的に再検討して、その根本まで考え尽くしてはじめて見えてくるものだ。

今までの価値観や常識といったフィルターを一度外して、**率直にその問題を見つめる**ことが大切だ。

インプットされた情報は**脳内の分類箱**に整理する

さまざまな情報の中から、何が本当に重要なものなのかを見分ける力がつくと、問題発見力も上がっていく。それには自分のセンサーの感度を上げて、なるべく多くの役に立つ情報を収集し、ストックすることが大事である。

情報をただ集めればよいというものではない。**情報を整理して、いつでも使える状態にしておくために、頭の中に分類箱を用意しておくのだ。**

例えば、テレビでよく「ノンアルコール・ビール」のCMを目にする。それを「飲酒運転の厳罰化に合わせた商品」と考えれば、「アルコールと自動車運転」に関するニュースに分類される。しかし、これを「酒税がかからない高利益商品」と考えると、アルコール離れが進む中での「ビール会社の商品戦略」のニュースに分類されるという具合だ。

まず自分なりの視点で**分類システム**をつくる。例えば「車」「パソコン」「食べもの」など、

情報は自分の分類箱に

低燃費車!
使いやすいPCが出たよ
外から入ってくる新しい情報は分類・整理する
自分の中で情報の整理
車
パソコン
食べもの

直接的な関心領域を分類箱としてもいい。

さらに進んで「車と安全」「車とデジタル技術」「車と低燃費」など、さらに一段階深い層でも分類箱を用意しておくと、あとでもっと役に立つはずだ。

新たに得た情報は、すでに決めた箱があればそこに入れる。なければ、新たに分類箱をつくる。ノートを活用してもいい。

例えば、「パソコン」という箱に入れたい情報が減ってきたら、この箱を「クラウド技術」に変更してみる。こうした更新を頭の中で行うことが、情報を生かすことにもなる。**常に情報を使える状態にしている人が問題解決力のある人といえる。**

現象を**仮説**で読み解けば、隠れた本質が見えてくる

現象の表面を見ても「本質」が見えてこないという場合がある。そんなときに役立つのが「仮説」である。

一例をあげると、和定食をリーズナブルに提供するチェーンの大戸屋に女性客が増えている、という現象がある。これをただ観察していても企業の戦略は見えてこない。

ここで、外食産業の顧客戦略は「出店のしかた」にあらわれる場合が多いことに注目してみる。ビルの2階や地下に出店するケースが多いことと、女性客の増加になにか関連はないだろうか、という仮説を立てる。すると、**外から食事風景を見られたくないという女性心理**を配慮した作戦であり、それが功を奏して女性客が増えたという本質が見えてくるのだ。

重要なことは、それがすぐにわかる理由ではない場合、**ある仮説を立てて関連性を考察しながら本質に近づいていく**という思考方法である。

現象から本質を探りあてる

おいしいパン屋さんの隣にドリンクショップができた
ミルクスタンド
ベーカリー
わ
便利だー
もしかしてオーナーが同じで…
仮説を立てて本質に近づく

手芸用品や手作り用品を販売するユザワヤがユニクロの近くに出店するという「傾向」がある（現象）。安価で品質のいいファストファッションが人気だが、皆と同じ服を着るのに抵抗がある人も多いのでは？（仮説）。そこで、ユニクロの製品に**自分でワンポイント工夫**してオリジナルの服にしたい人も多いはずだ（仮説）。

ユザワヤの成功の理由を、たんに「手芸人気と豊富な品揃え」と見るだけでは、その本質は見えてこない。「**既製品＋オリジナル**」を志向する人も多いということが、「ユニクロの近くに出店する」という現象からわかってくるのだ。

「これが流行っている」を鵜呑みにすると大失敗する

テレビで「ノンアルコール・ビール」のCMが多く流されているからといって、「ノンアルコール・ビールが大流行している」という結論を導くのは早計である。CMはあくまで広告であり、流行の事実を伝えるものではないからだ。

たしかに各社の製品が売上げを大幅に伸ばしていることは事実だが、売上げをビール全体と比べればまだ微々たるものだからだ。重要なことは、ノンアルコール・ビールが酒税のかからない商品であるということ。製造コストは従来のビール系飲料と同程度に抑えることができる。その一方で、価格はやや高めであり、結果として利益率が高いドル箱商品になっているということだ。数量的に大流行している、という単純な話ではないのである。

「○○が流行っています」「これが売れています」といった「現象」が、会議などでもよく言われるだろうが、その情報を鵜呑みにすることは禁物である。

情報は鵜呑みにせず裏を取る

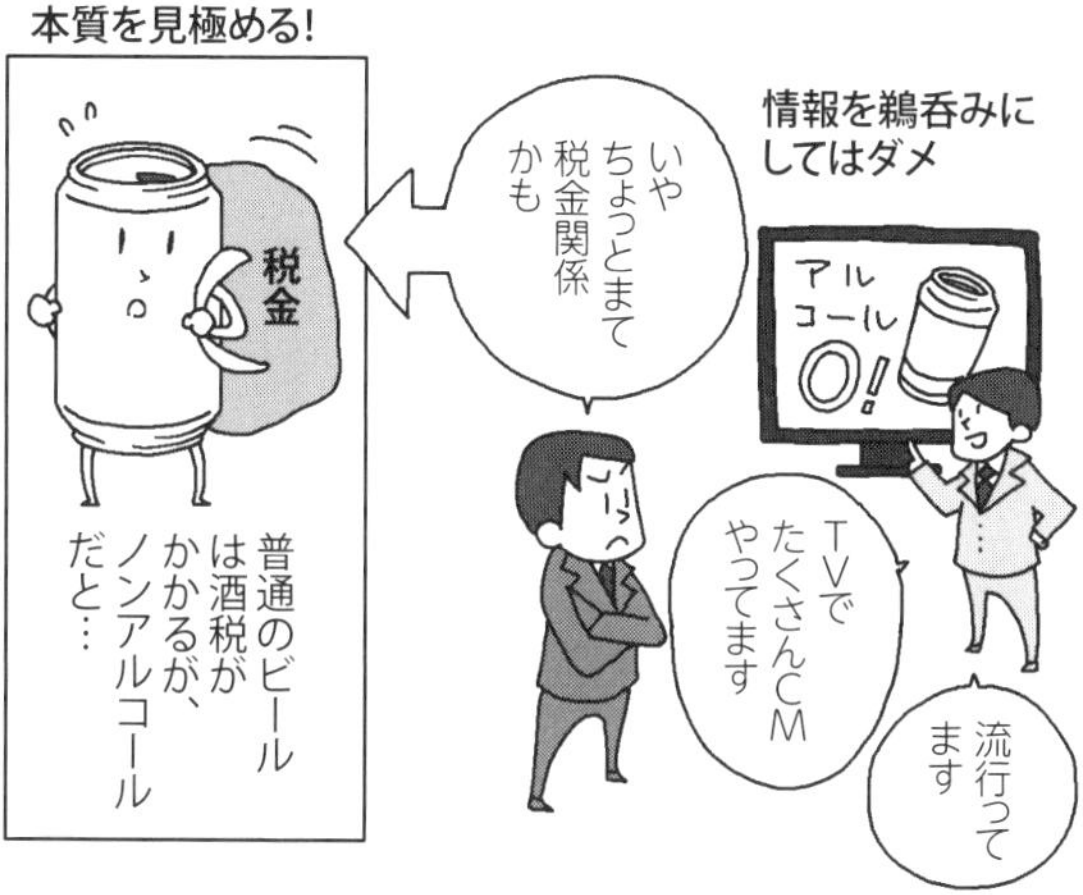
本質を見極める!
税金
普通のビールは酒税がかかるが、ノンアルコールだと…
いやちょっとまて税金関係かも
情報を鵜呑みにしてはダメ
アルコール0!
TVでたくさんCMやってます
流行ってます

問題の本質を発見するためには、世間に露出している現象だけで判断するのではなく、①「正確な情報を入手する」②「違う観点からも検討してみる」③「客観的な事実を積み重ねる」といった「情報の裏を取る」ことが大切になってくる。

情報を検討したら、**その情報をどのように現実に関連づけて理解していくか**が、問題の本質を解き明かしていくカギになる。

本質を理解せずに、ただ「流行っている」という仮説で結論を導き、真似をすることは大きな失敗を招くことになる。「柳の下にいつもドジョウはいない」という格言はいつの世でも正しいのだ。

新聞とネットの情報を効率よく使い分ける

新聞やネットのニュースサイトには問題解決のヒントが詰まっている。世間で起きたことをテーマにしてさまざまな思考技術が試せるほか、事実や現実から問題解決の成功例やプロセスが学べる。

とはいっても新聞を隅から隅まで読むには時間がかかる。一方、ネットには膨大なニュースが刻々と飛び込んできて、選ぶのが難しい。それぞれの長所と短所を理解して使い分けながら、効率よく情報を入手したい。

新聞は速報性がなく記事の分量にも制限があるが、正確さの点ではネットのニュースよりもまさる。とくに数字や固有名詞などのデータについては信頼できると考えていい。

新聞を読むときは、新聞社がそのニュースの重大性によって目立つ工夫をしている**見出し**と、「交代」「決定」「激増」「失敗」などの、ものごとの変化を伝えているような「問題発見の

新聞とネットの使い分け
どちらにもメリットとデメリットがあります
ネット
新聞
Bad
不確かな情報も
Good
関連サイトから深い内容に辿れる
Bad
速度が遅い
Good
信頼ある情報

キーワード」に注意して読む。必要がないと思った記事は、見出しだけ頭の隅に入れておくような気持ちで流し読みすると速く読める。

ネットのニュースには不確かな情報も多いが、**情報を深掘りしたコラムニストの卓見や、新聞のニュースを専門分野からフォローした記事**が載ることも多く、新鮮なネタを拾えるのがメリットである。

パソコンやスマートフォンにデータ保存が可能で、いつでも取り出すことができるメリットも大きい。ネットのニュースはまめにアップデートして、電車の中や移動の途中などで見出しを読み流すといい。

会社の状態をつかむには決算書を読むのが近道

新しい会社と一緒に業務をするとき、また新たな取引をはじめるときに気になるのが、相手の会社はどんな会社で、今経営はどんな状態か、ということだろう。それを知るには、その企業の決算短信をその会社のHPから入手するのが早い。

決算短信の中で大事なのは「**損益計算書**」「**貸借対照表**」「**キャッシュフロー計算書**」の3つである。以下、初心者向けに見るべきポイントを解説する。慣れてくればその会社の「問題」を発見しやすくなるだけでなく、ビジネスの基本もわかってくる。

「損益計算書」の中で「**売上高**」はどれだけ売ったかという金額。これから原価や人件費、宣伝費などを引いたのが「**営業利益**」で、マイナスなら赤字になる。「**経常利益**」はこれに副業などで儲けた金額を足して、最後に借入金の利息など支払わなくてはならない金額を引いた会社本来の儲けとなる数字だ。

決算書から問題を見つける

決算書を見れば
会社の状態がわかる

「貸借対照表」はバランスシートと呼ばれ、**会社がどのように事業資金を集めて、どのような形で保有しているか**を表したもの。

例えば資本とは会社が投資家から集めたお金と、これまでに会社が得た利益の合計である。負債とは違って誰かに返す必要のないお金だ。自己資本の高い会社ほど健全な経営をしている会社といえる。

「キャッシュフロー計算書」には「営業活動」「投資活動」「財務活動」の3つの項目がある。本業の稼ぎと固定資産、株式などのお金や現金同等物の流れを示すもので、**キャッシュが豊富にある会社は安定している**といえる。

問題解決を促す質問と、思考を停止させてしまう質問

上司が部下に問題の発見を促すためには、質問することが欠かせない。ただし、部下の「根本的な問題を解決したい」という思いを促進する質問でなければならない。最も避けなければならないのは、「ろくに考えていない答え」が出る質問だろう。

ダメな上司ほど、部下が安易な答えを出しやすい問題を投げて仕事をこなしたつもりになり、満足している。部下もまたその上司にやすやすと乗って、答えてしまう。例えば、「会社の財政を立て直すにはどうしたらいいか」という質問に対する「**費用を削減すればいいと思います**」といった答えである。

故スティーブ・ジョブズがアップルの苦境時に、会社の再建策を聞かれたときにこう答えたという。「アップル社再建の妙薬は、費用を削減することではない。**現在の苦境から抜け出す斬新な方法**を編み出すことだ」

やる気を引き出す上司
会社がヤバい
どうする？
ダメな質問がダメな答えを生む
リストラしますか？
コストを絞りますか？
似たような答えで
あふれ返ることも
会社を立て直すには新商品を開発するか
思いきって海外進出
クローズド・クエスチョンをうまく使う
新商品を出しましょう
それも海外で勝負しましょう
参加者を前向きな方向へ
コントロールする

60ページで紹介した、答えが限定されるクローズド・クエスチョンで、なおかつあらかじめ安易な答えを排除することがひとつの手である。相手に本質の探求を求める質問でなければならないのだ。それが問題解決を促す質問、**先見性のある質問**である。

「**コスト削減策以外に利益を30％上げる方法は次の3つの中でどれだろうか？**」

そんな質問を設定できる上司は、問題解決力のある上司である。こうした上司なら問題の先にさらなる本質的な問題を見出す能力を持っている。たえず、問題を掘り下げる前向きな意志の中にしか、本当の問題解決に至る道はない。

第8章

力試しテスト

みんないつも見ていることでも、ある視点で眺めると、小さな現象から問題発見のヒントが見えてくることがあります。「ポスト・イット」が生まれたきっかけとなった「ある現象」とは何でしょうか？

答え

アメリカの化学会社３Ｍの研究者がある接着剤を開発したが、「よくくっつくが、はがれてしまう」という欠陥があった。ある日、教会で賛美歌を歌う人たちが、楽譜の今日歌うページに紙のしおりをはさんでいて、これがすぐ落ちてしまうことに困っていた。それを偶然見ていた研究者が、「はがして何度も貼れる」付せん「ポスト・イット」をひらめいたといわれている。

第2部

第9章

分析する力

~フレームワークを使いこなす~

強みと弱みをどう生かす？　SWOT分析で戦略を立てる

自分や自分の会社にどれほどの実力があり、立ち向かう外の世界にはどんな壁が待ち構えているのか。今持っている強みや弱みがわかれば、より現実的な問題解決への方策が見えてくるはずだ。

これには経営戦略を決めるときなどによく使われる「**SWOT分析**」という方法が役に立つ。**S「強み」（Strength）、W「弱み」（Weakness）、O「機会」（Opportunity）、T「脅威」（Threat）という4つの項目**を立てて分析する手法である。

S「強み」とW「弱み」は内部環境の分析で、自分や自分の会社の持つ「ほかにはない長所と短所」である。O「機会」とT「脅威」は、外部環境についての分析である。O「機会」は、うまくすればチャンスになるような外部の変化、T「脅威」は、自分たちにさし迫っている困難や危機である。

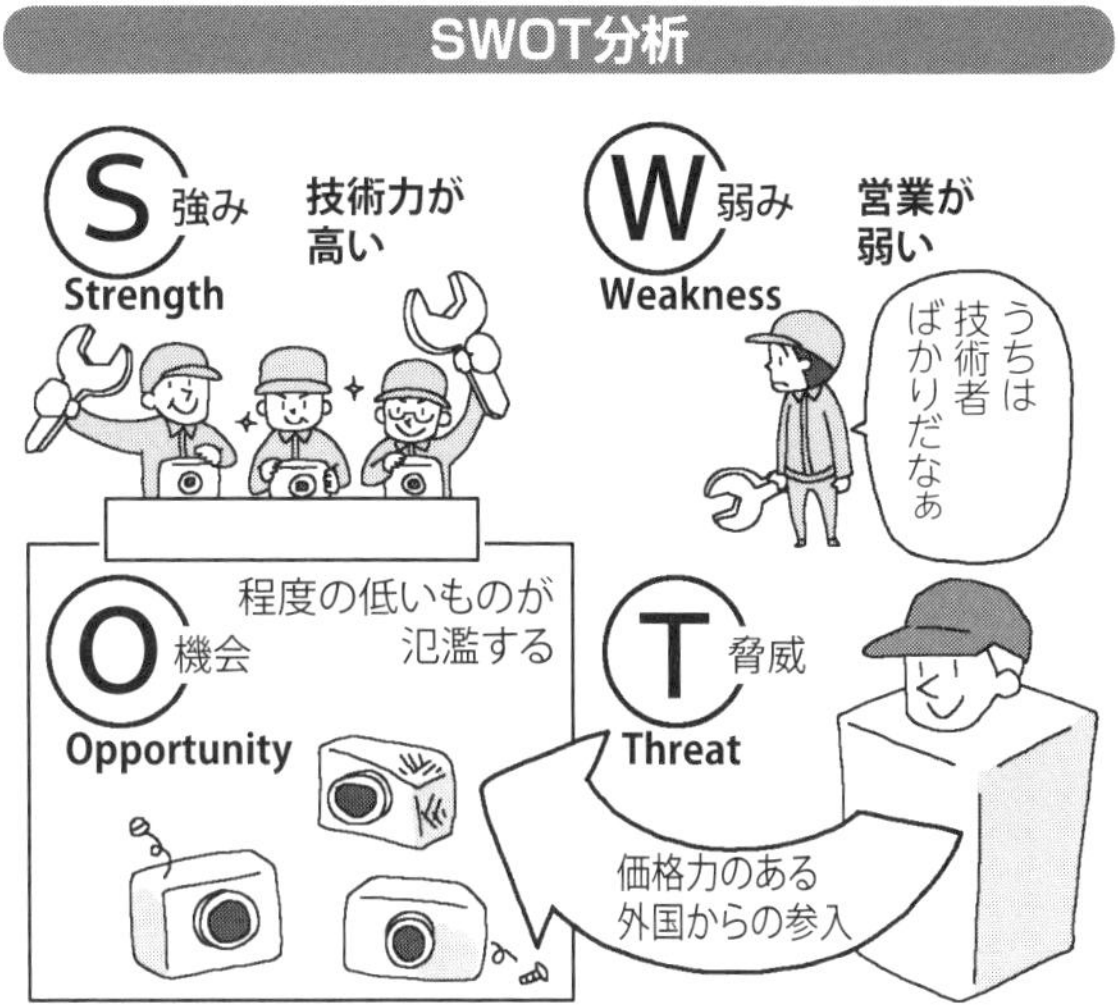
SWOT分析
S 強み Strength
技術力が高い
W 弱み Weakness
営業が弱い
うちは技術者ばかりだなぁ
O 機会 Opportunity
程度の低いものが氾濫する
T 脅威 Threat
価格力のある外国からの参入

重要なポイントは、現状をただ客観的に並べるのではなく、問題解決の意識を持って変革できる可能性を織り込むことである。**「弱み」なら今後ぜひ改善したい「弱み」であり、「脅威」は、早く手を打たないと大問題になりそうな「脅威」ととらえて、これを洗い出す。**そこから問題を浮かび上がらせ、ポジティブな要素を活用して解決に向けた戦略にしていく。

「ラーメン屋のこれからの戦略」を考えるなら、「つけ麺が流行してきた」というO「機会」をとらえて、「強力な目玉商品がない」というW「弱み」をS「強み」に転化するといった戦略が浮かんでくる。

「5番目のP」こそがこれからのヒット戦略のカギ

消費者に「何を」「どのように」提供すれば買ってもらえるのか。ものを売ろうとする場合にマーケティング戦略は欠かせない。そこで企業がよく行うのが「**4Pマーケティング**」という戦略分析の方法だ。

4つのPとは、「**製品**」(Product)、「**価格**」(Price)、「**流通**」(Place)、「**広告宣伝**」(Promotion)だ。ものが売れない場合はそのどれかが弱いか、うまくいっていないからであり、その弱点を見つけて解決していくことで売れるようにするという考え方である。

この4Pに加えて、最近はもうひとつのPを加えて**5Pモデル**を主張する人が多くなってきた。しかし、そのPを何にするか、専門家によっても異なっている。

誰と組むかの「パートナー」のPであると主張する人もいれば、「パッケージ」のPであると主張する人もいる。どちらが正しいのかという議論ではなく、4Pではマーケットの現

5つ目の「P」は…

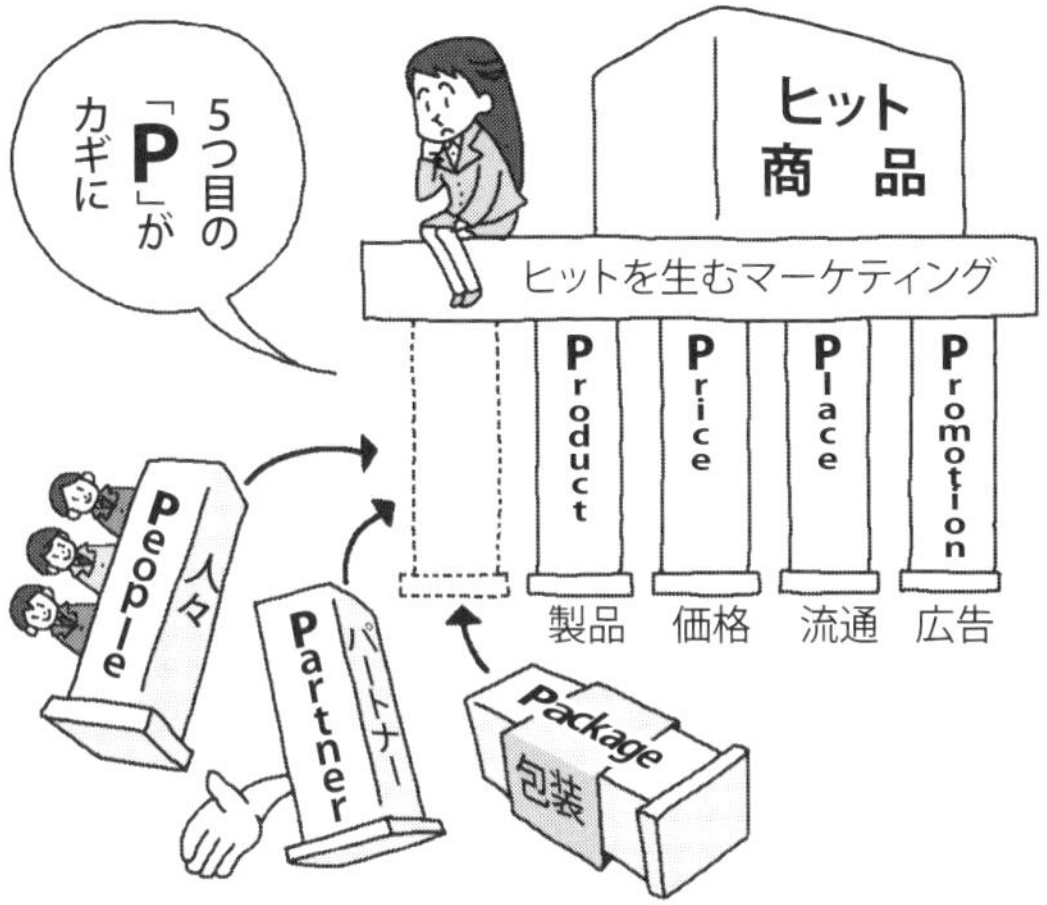
5つ目の「P」がカギに
ヒット商品
ヒットを生むマーケティング
Product
Price
Place
Promotion
製品
価格
流通
広告
People
人々
Partner
パートナー
Package
包装

状をとらえきることができなくなり、その限界を何によって乗り越えていくかが、切実な問題になっているのである。

その中でも最も説得力があるのは**「ピープル」(People)のP**だろう。

従来の4つのPはすべて「つくる側、売る側」がコントロールできる要素だったといえる。しかし現在、この要素だけではヒット商品は生まれない。

今までの企業サイド優先のマーケティングからは発想できない製品が爆発的にヒットしたことがそのいい例だ。iPhoneやiPadが売れたのは、まさにそのP(人々の期待)に応えたからだといえる。

「負け犬」や「問題児」を探せ。PPMで資源の最適配分を決定

「プロダクト・ポートフォリオ・マネジメント」（PPM）という方法をご存じだろうか。ボストン・コンサルティング・グループが提唱したマネジメント手法で、**さまざまな事業を評価して経営資源を最適に分配する**ために考えられたものだ。市場の中で自社の製品やサービスがいまある状況やポジションを明らかにするすぐれた分析ツールと言える。

そのやり方を紹介しよう。まず縦軸に「市場成長率」、横軸に「市場占有率（マーケットシェア）」を設定する。「市場成長率」は上にいくほど高くなり、「市場占有率」は左にいくほど高くなるようにする。そしてマトリクス上を4つに分類して、自社が行っているさまざまな事業を当てはめていく。

「成長率が低くてシェアが高い」事業は、「Cash Cow」（**金のなる木**）に分類され、「成長率が高くてシェアも高い」事業は、「Star」（**花形事業**）、「成長率が低くてシェアも低い」事業

PPMで事業の組み合わせを考える

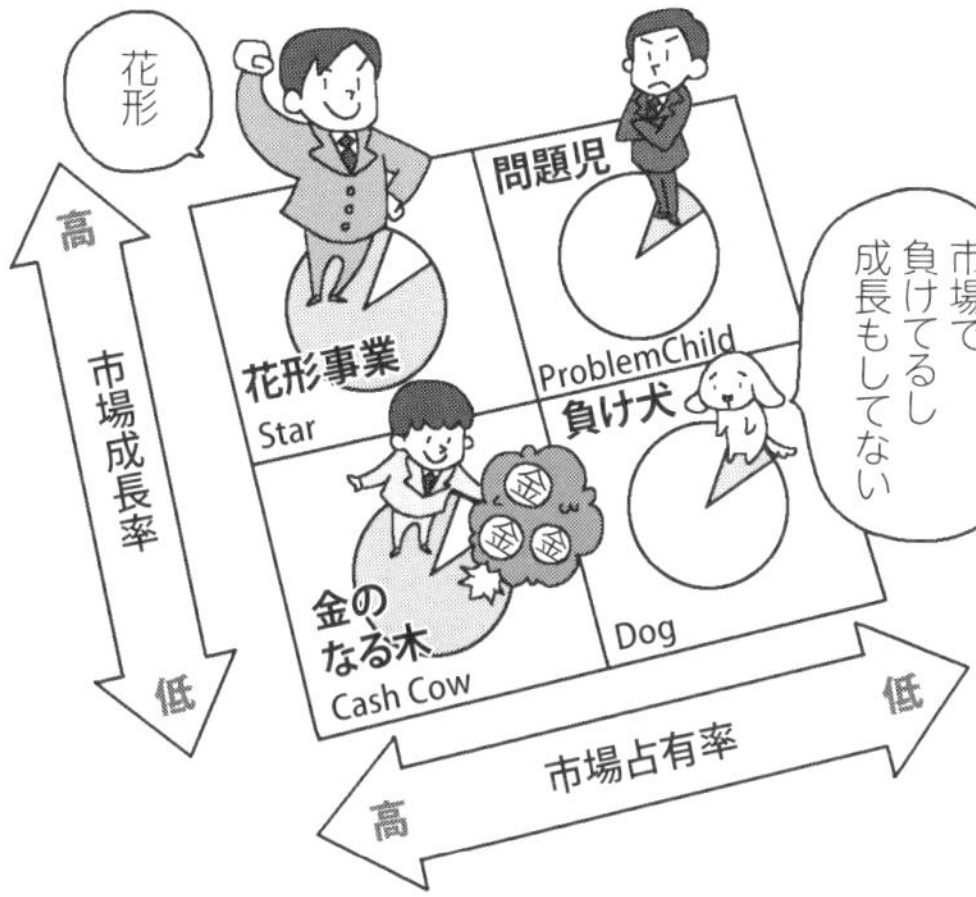
花形
高
市場成長率
低
問題児
花形事業
Star
ProblemChild
負け犬
市場で負けてるし成長もしてない
金のなる木
Cash Cow
Dog
低
市場占有率
高

は「Dog」（**負け犬**）、「成長率が高くてシェアが低い」事業は「Problem Child」（**問題児**）に分類される。

分類ができたら、**どれに資本をつぎ込んで大きくするかなどの検討**に入る。「花形事業」を「ドル箱」にするための投資、「負け犬」の事業からの撤退など、全体の中でのパワーとお金の配分を考える。

さらに全体の経営という視点から考えれば、「金のなる木」は成熟してこれ以上の成長は期待できないので、ここから得たキャッシュをほかの事業に回し、「問題児」を「花形事業」に育てるための資金にするといった問題解決も導かれる。

「欲求の5段階」が教える
チームパワーを最大化する方法

ひとつの目標に向かうチームのパワーを左右するのは、問題意識を共有できる環境がそのチームの中にあるかどうかである。共感を持って全員が問題に取り組むためには、**メンバーのモチベーションを高めて、ひとつのテーマに向かわせる**ことが重要である。

アメリカの心理学者、マズローは、人間の「欲求」にスポットをあてて行動を分析している。それは「マズローの欲求5段階説」と呼ばれ、行動に向かう人間の動機を5つの段階的なステップとして解説するものだ。

第1段階は「**生理的欲求**」、第2段階は「**安全への欲求**」、第3段階は「**帰属と愛の欲求**」、第4段階は「**尊敬・承認の欲求**」、第5段階は「**自己実現欲求**」となる。人間は食べることや寝ることといった根源的な生存の欲求が満たされれば、次に少しでも危険を回避して安全な暮らしを望み、それが満たされれば、愛する人と家族を営むことや、仲間として何かのグ

自己実現欲求をチームで共有する

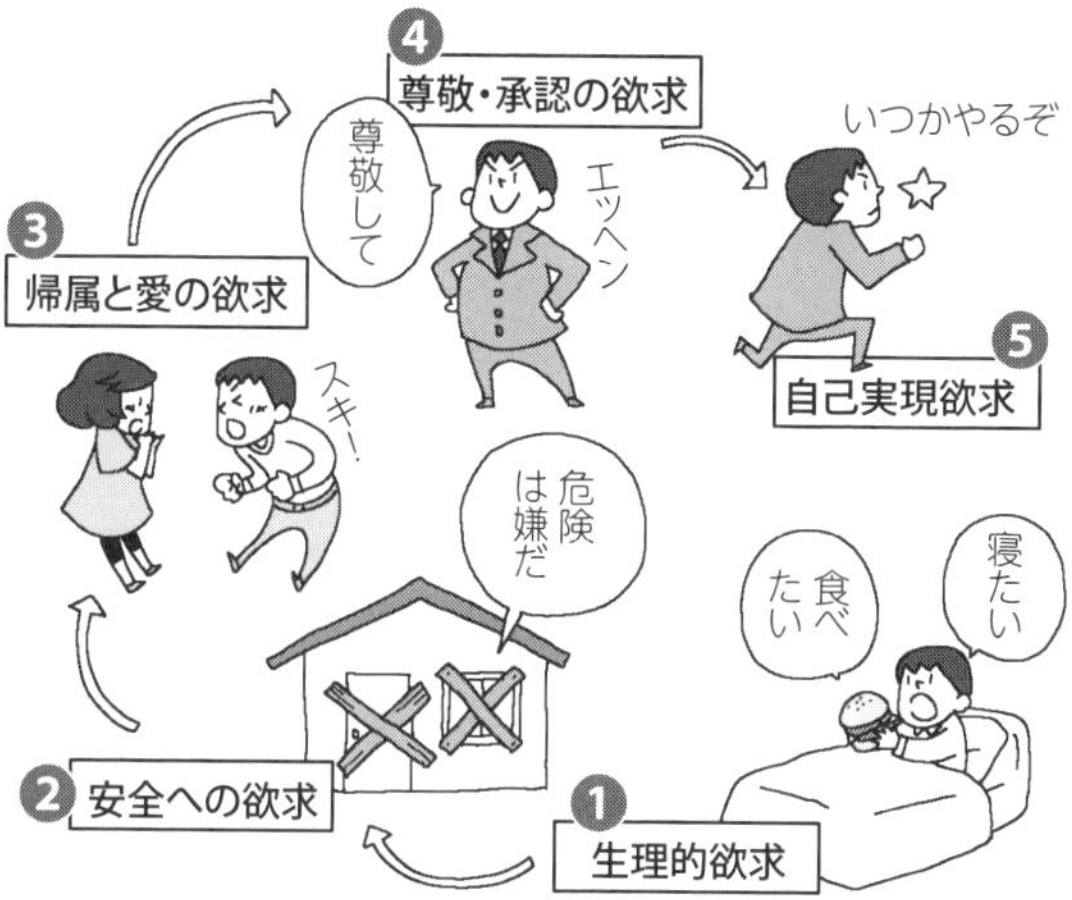
4
尊敬・承認の欲求
尊敬して
エッヘン
いつかやるぞ
3
帰属と愛の欲求
5
自己実現欲求
スキ！
危険は嫌だ
寝たい
食べたい
2
安全への欲求
1
生理的欲求

ループへ帰属することを望むようになる。

さらにそれが満たされれば自分が他者から認められる存在になりたいと思い、それも達成されたら、自分や仲間の願望の実現を目指して何らかのアクションを起こすという。以上が5つの段階である。

チームをある目標に向かわせるためには、第3段階で「チームへの帰属意識」を高め、第4段階で「自分を認められたい」との欲求をいだかせ、さらに第5段階に進んで**自分の願望とチームの目的が一致するモチベーションづくり**が必要になる。「みんなで世界一の技術を実現する」といった強烈な思いをチーム全員が持つことである。

ABC分析で効率をアップし、2割に集中して8割稼ぐ

こんな話を聞いたことがないだろうか。「売れ筋の商品の20%で、全部の売上げの80%を占めている」、「売上げの80%は上得意の客20%で占めている」。

上位20%のグループが全体への影響力を持っているという法則である。顧客を横軸、売上げを縦軸にしてグラフをつくり、売上げ順に並べると、顧客全体の約20%のグループが売上げの80%を占めてしまうことが多いのである。

このような2対8になるような経験則から効率的な経営を考えることを「**ABC分析**」（パレート分析）という。80%を売り上げる顧客層をAランク、次の15%を売り上げる顧客層をBランク、残りの5%を売り上げる顧客層をCランクとする。

例えば、営業員が顧客に営業をかける場合、**80%の売上げがあるAランクの顧客を重点的に営業すれば効率はいちばんいい。**

2対8の法則で効率をアップする

たくさん買ってくれてありがとー
20%の人々
80%の売上げ
30%の人々
50%の人々
毎日訪問
15%
5%
営業は電話でOK

営業活動で言えば、Aランクには毎日訪問、Bランクは電話営業で済まし、用があれば訪問する、Cランクは先方からの電話を待つだけの活動をすると決めれば効率的になる。

ただし、Aだけに配慮していれば、80%は売上げを達成できるのだからOKだと考えてはいけない。ネット通販などでは、長い期間にわたって細々と売れ続ける「ロングテール商品」が無視できない。また、成熟して今後の伸びが期待できないAランクではなく、Bランクに力を注ぐ方法が有効だとも言われている。安易な効率主義に走らないようにすべきだ。

我が社の商品はなぜ売れない？ AIDMAの法則で考えてみる

問題解決が苦手な人はたくさんいる。その中でいちばん多いのは、すばやく問題に対処するのではなく、「マイナス点を並べ立てること」に一生懸命になるタイプである。自社の商品が売れないという場合でも、「デザインがよくないから」「味がイマイチだから」「零細企業の商品だから」など、手近な理由を見つけて、もっと客観的に分析しようとしない。

そんなときにはマーケティングの分析手法のひとつ「**AIDMAの法則**」を使って、なぜ消費者がその商品を買ってくれないのか、その原因を考えてみるといい。

AIDMAとは、①**Attention（注意・注目）**②**Interest（関心・興味）**③**Desire（欲求）**④**Motive（動機）**⑤**Action（行動）**の頭文字をとったもので、**人がものを買いたくなって実際に買うまでの心理プロセス**をあらわしている。順に具体的に説明しよう。

①まずその店の存在が知られていなければ何も始まらない。今はネット、雑誌、口コミな

「売れない理由」をAIDMAで考える

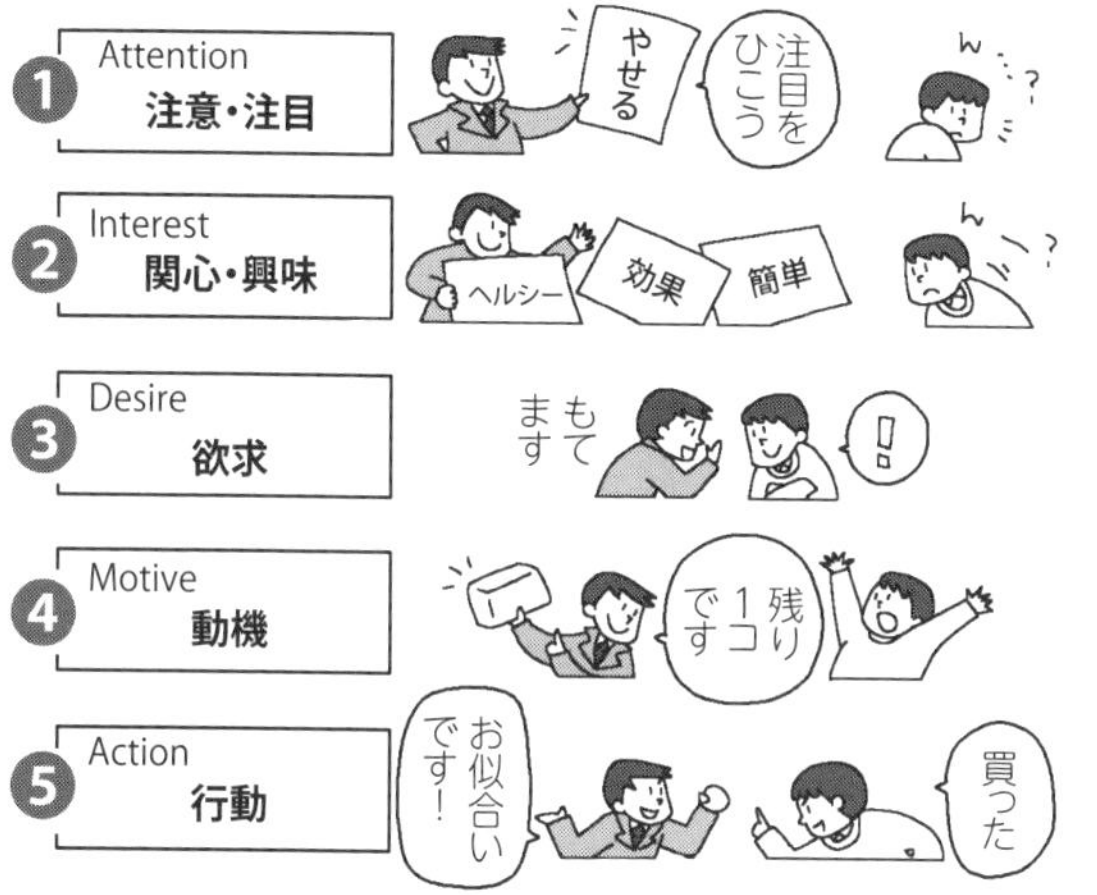

ど、さまざまなチャンネル（媒体）があるので、商品や購買者の傾向をつかんで存在を告知することが必要だ。②食べものなら「ヘルシー」「低価格」「話題性」の３つが関心事だ。③感情を刺激すること、自分にとってのメリットが伝わることが重要。④「限定品」「売り切れ間近」といったフレーズで「買わなければ」と思いやすい。理性のブレーキを外す工夫も必要である。⑤迷っているときの「お似合いですね」など最後に背中を押すひと言が効く。「行列」も買う行動を促す強力なサインだ。

「売れない理由」を①から⑤までの中に探ってみるとヒントが見つかる。

問題解決力のない上司についたらどうすればいいか？

例えば、今あなたが、仕事や職場において改善を要する大きな問題を発見したとしよう。あなたはその問題を考え、解決の方法を見つけた。しかし、会社という組織で何かを実行するには、まず上司の決断を仰がなくてはならない。そのとき、上司が次のようなタイプだと、物事は前に進まず問題は解決されないままに放置されがちだ。

・なんでも部下の意見に反対する上司。
・判断を部下に押しつける上司。
・部下にプレッシャーばかり与える上司。
・そのときの気分で判断が変わる上司。

あなたの上司がこのどれかに当てはまるなら、あなた自身がめざすべき上司とはどんな人なのかを考えるチャンスにしてしまおう。つまり**反面教師**にするのだ。

問題解決力のある上司とは
良い上司の例
❶人間関係を処理する能力
頼んだよ
❷専門的な能力
ここをこうすれば
❸理論的、理性的に考える能力
よし行くぞ
あれをああすれば行ける！
ダメな上司の例
君がやって
エー
人に押しつけてばかり
だめだめ
部下に反対ばかり
なんかあったら君のせい
プレッシャーを与える
やっぱやめよ
エー
すぐ気が変わる

とくに**「問題解決力」のない上司についたときはチャンスだ。**

そもそも管理職に求められる能力は、①人間関係を処理する能力、②専門的な能力、③決断をせまられる状況に対して理論的、理性的に考える能力だ。ひと言で言えば、問題解決力がある人こそが上司＝管理職であるべきだ。

問題解決力が乏しいと思われる上司についてしまったら、「ダメな上司の部下になってしまった」という「問題」をクールに分析してしまおう。

自分が上司になったときにきっと役立つはずだ。

変動費と固定費を理解すれば利益を出す具体策がわかる

どんな仕事でも、会社の仕事である限り、採算がとれて利益が出なければ意味がない。しかし、利益＝儲けを出すには、コスト（費用）がかかる。

この「会社の活動（事業）にはコストがかかる」ということを掘り下げて考えてみよう。どうすれば利益が出るのか、ということについての基本的な考え方を身につけるのだ。

コストには2つの種類がある。「変動費」と「固定費」だ。まず変動費とは、企業が営業活動を行うときに、製品をつくったり、商品を売ったりすればするほど、比例的に増えていくコストである。ラーメン屋で言えば、ラーメンを売れば売るだけ材料費が発生する。麺やチャーシュー、スープなどをつくる材料費が必然的に出ていく。これが変動費だ。

これに対して固定費とは、何もしなくても店舗を構えているだけで発生するコストである。店の電気代や店を借りているなら家賃などがこれに該当する。

変動費と固定費

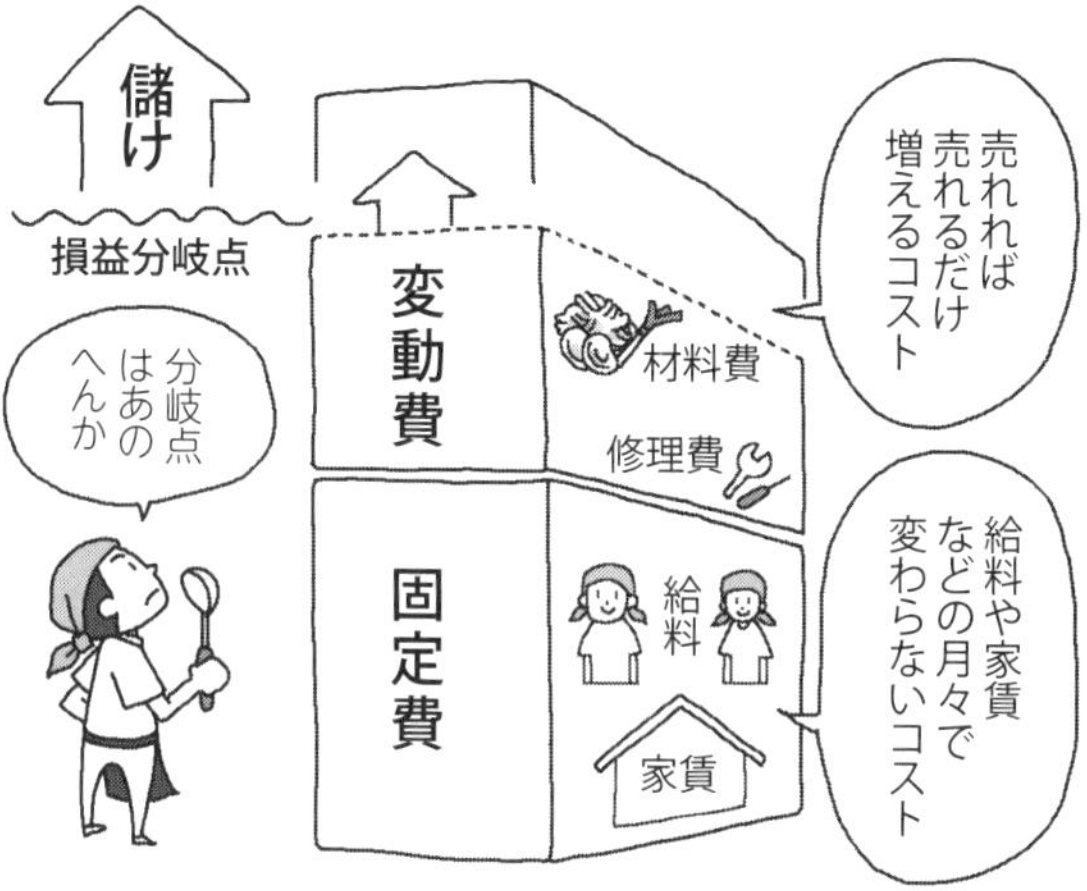
儲け
損益分岐点
変動費
材料費
修理費
固定費
給料
家賃
売れれば売れるだけ増えるコスト
給料や家賃などの月々で変わらないコスト
分岐点はあのへんか

社員となって働いている人間の人件費は毎月ほぼ決まった金額が出ていく固定費だが、仕事を外注した場合は、その仕事あたりの報酬になるので変動費になるといった具合である。

この変動費と固定費のそれぞれの性質を利用して計算すると、**どれくらいものを売り上げれば、利益が出るか**がわかってくる。その境界線が「**損益分岐点**」といわれるラインである。

企業が活動するとかかってくる変動費と固定費を払ってもなお利益が出る境界線だ。最低限売上げがそこに到達できなければ、儲けは出ないということになる。

問題解決に行き詰まったら自分宛にメールを出してみる

分析することや、問題解決に行き詰まったときに有効な気分転換法を2つ紹介しよう。

1つ目は、いったん自分の問題を脇に置いて、**他人の問題解決を覗いてみること**だ。

ネット上にはさまざまな質問・疑問を投げかけて、解決法を募る「質問回答サービス」がたくさんある。ときには見事な分析や解決法が書かれていることもあるが、問題の本質を自分で考えることなく安易な解決策を求める質問者への疑問や、「あなたがそんなことを言えるのか」といった質問者への反感なども表明されている。

また、こうしたサイトを見ると、100%間違いのない正解はまずほとんどありえないということもわかる。解決とは多くの場合、どこかで自分の主張を押さえた妥協点、落としどころを探すことであるということも教えてくれるだろう。

2つ目は、**自分宛のメールで現状を報告し相談する、という方法**だ。この方法は、メール

自分宛メールで相談する

行き詰まったら
自分にメールして
問いかける
自分宛
友人に
出す
つもりで
これこれを
どう思い
ますか?

の相手は実際は自分なのだが、**あたかも「とても賢くて忙しい友人」にメールで相談するつもりで問題を簡潔に数行で書く。**

そして、今まで考えたり試してきた解決策と、ほかの可能性を並べてみる。それだけで、真の解決策がふっと見つかることがある、というものだ。

解決策を考えているのは自分自身なのだが、「問い」や「相談」のかたちで考えることで、今までとは違う視点や、原点に立ち返った展望が開けるのである。

メールの宛先は自分でも、件名に「○○様 □□の件でご相談」などと相談者になりきって書くことがコツだ。

第9章

力試しテスト

ビジネス分析のひとつに上位20%が全体を握っているというABC分析があります。これに頼りすぎるとよくない理由をあげてください。

答え

売上げの80%を占めるAランクに絞って営業活動をすると効率的だが、その20%は成熟層で、それ以上の伸びが期待できないとも考えられる。そこで成長性が見込める次のBランクやCランクを掘り起こすことや、少ない売上げでも長く売れる「ロングテール商品」にも目を配る必要がある。

第2部

第10章

解決する力

～障害を乗り越える効率的な方法を学ぶ～

ポーターの3つの戦略で、**他社との競争に勝つ方法を探る**

自社の商品が思ったように売れない、という問題を根本的に解決したいときに有効な考え方がある。ハーバード・ビジネス・スクールのマイケル・E・ポーター教授が提唱する3つの競争戦略である。

まず、販売競争で勝つための戦略のひとつは、大量生産や生産の合理化を図って圧倒的な低コストを実現。業界の主導権を握る「**コスト・リーダーシップ戦略**」である。

2つ目は、高品質、高性能など、その企業の製品の際立った特徴を消費者に訴えて高価格を正当化。その業界で特別な地位を獲得する「**差別化戦略**」がある。この2つの戦略はユニクロと有名海外ファッションブランドを思い浮かべればすぐにわかるだろう。

3つ目が「**フォーカス戦略**」だ。特定の顧客や製品にターゲットを絞り込み、その分野で成功するという戦略である。ミドリ安全という企業をご存じだろうか。安全靴で有名だが、

他社に勝つための方法とは

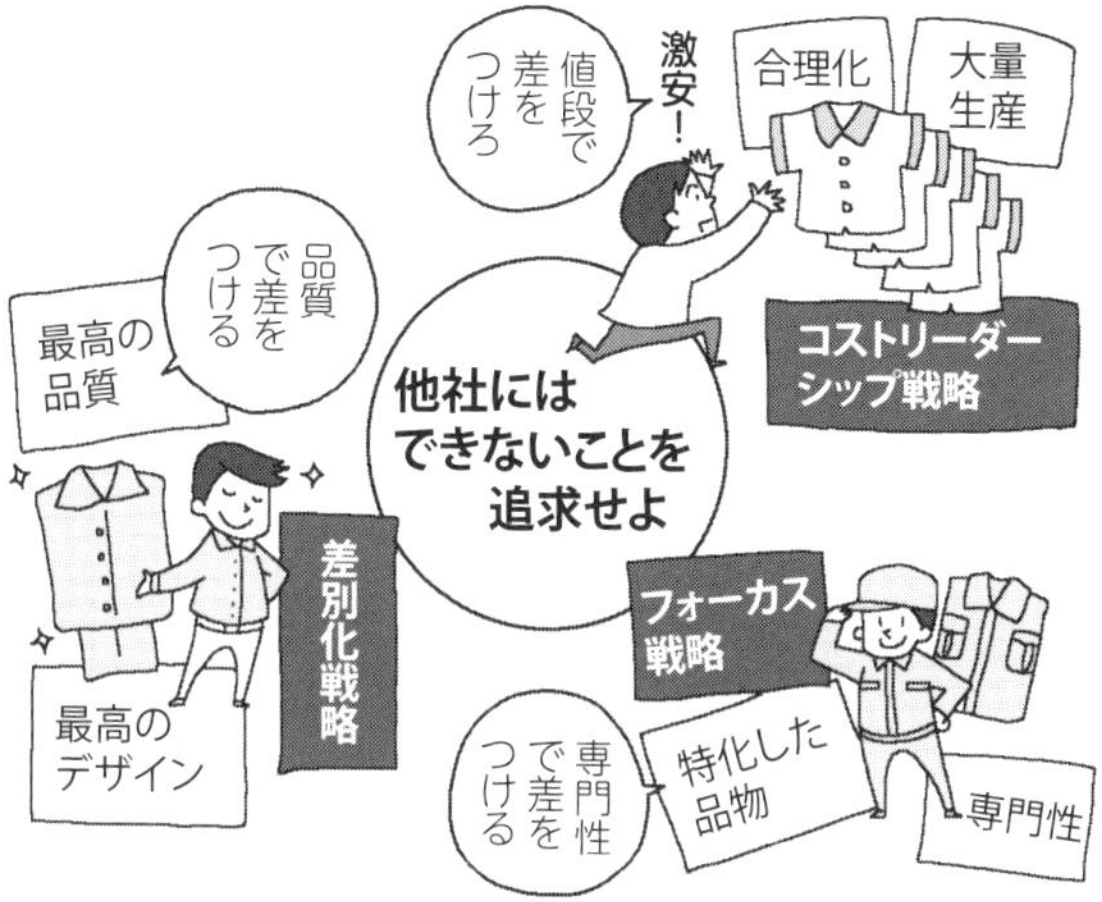
値段で差をつけろ
激安！
合理化
大量生産
コストリーダーシップ戦略
品質で差をつける
最高の品質
他社にはできないことを追求せよ
差別化戦略
最高のデザイン
フォーカス戦略
専門性で差をつける
特化した品物
専門性

作業服でも圧倒的な国内シェアを誇る。専門化によって成功した好例といえる。

それぞれ理にかなった戦略だが、重要なことは広い観点から見ればどれも同じ原理が働いていることだ。

他社より少しでも安く売ること、他社には真似のできないよいものを売ること、そして他社が入ってこない分野のものを売ることは、最終的には**その会社にしかできないことに全力投球する**ということだ。すなわち、「差別化」を図っているのだ。

人と同じことをしていたのでは、いつまでも問題は解決しない。これは企業についても言えることなのである。

知的生産性を向上させる 自由連想法トレーニング

頭の中にあるアイデアや情報は視覚化・言語化されない限り、漠然としたアイデア、使いようがない情報のままである。紙に書き出してみることは、その問題解決に有効なだけでなく、**自分の知的生産性をアップする**第一歩になる。

図解で思考を整理したり、書きながら考える技術としては、矢印で原因と結果をつなげる図解の方法（１４０ページ参照）や、視覚的なチャートを活用する方法（１４４ページ参照）などがある。それらに加えて、ここでは、**結論を導くのではなく、自由に連想を重ねていく書き方を紹介しよう。アイデアを大量に生み出すために有効なノウハウである。**

簡単な方法としては、白い大きな紙を用意して、思いつくままにキーワードやフレーズをどんどん紙に書き出していく。

最初の言葉は、個人的なテーマなら「新しい趣味を見つける」、仕事なら「遅刻しない方法」

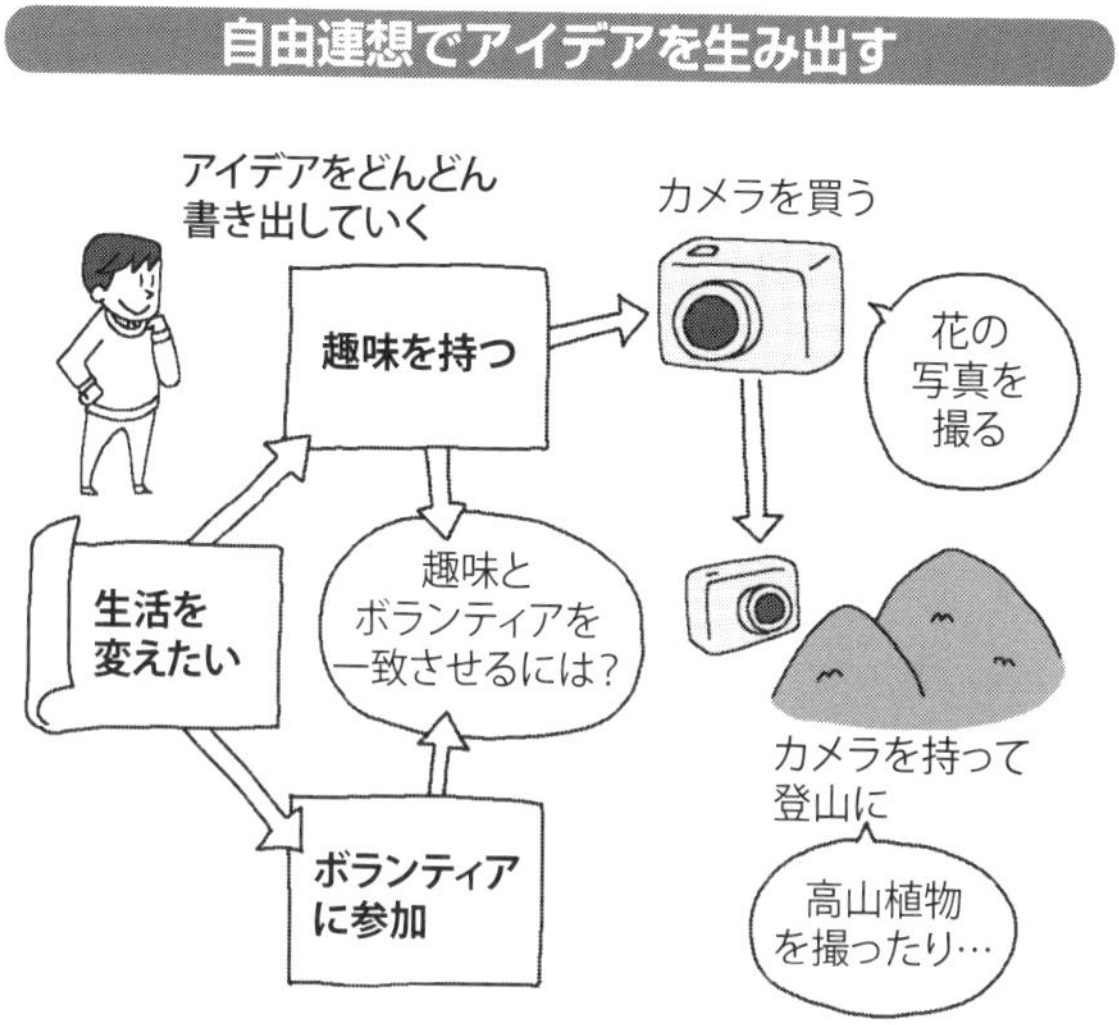
自由連想でアイデアを生み出す
アイデアをどんどん
書き出していく
趣味を持つ
カメラを買う
花の
写真を
撮る
生活を
変えたい
趣味と
ボランティアを
一致させるには?
カメラを持って
登山に
ボランティア
に参加
高山植物
を撮ったり…

など、何でもかまわない。そして、放射状に枝分かれしていくように連想をつなげていくと意外なアイデアにたどり着くことができるかもしれない。

言葉の代わりに最初に小さな絵を描いてみたり、さまざまな色分けした線で絵画的に描いていく方法もある。

知的生産性をアップする手法として、さまざまな手法やシステムが考案されているが、最近は紙とペンで書くだけではなく、iPhoneやアンドロイドのアプリとして気軽に体験できるものやPC上で使えるフリーソフトも各種登場しているので、一度体験してみることをおすすめする。

デッドラインを重荷にしない締め切り管理のテクニック

問題解決がなかなか進まないときに、人が最もよく使う言い訳は「時間が足りない」というものだろう。

仕事とは「締め切り」があってはじめて成立するものだ、ということは誰でも知っている。それでも「時間が足りない」を言い訳にしてしまうのは、締め切り（デッドライン）という概念を取り違えている人が多いからである。

「デッドライン」とは辞書に「囚人が越えると射殺される線」などと出ているように、越えてはいけない一線、最終期限のことだ。

たえず期限を頭に入れて仕事を進行することはもちろん大切だ。しかし上司など、自分以外の人から設定された「受け身のデッドライン」ばかりを意識すると、「もしも、できなかったら」という「負の意識」が増大して集中力の低下を招いてしまうことがよくあるのだ。

デッドラインを重荷にしない

もう
やっつけ
仕事に
しちゃおう
間に合わない
気ばかり
あせってしまう
デッドライン
デッドライン（締め切り）
が気になり集中力低下
達成感も
わきやすい
よし
3段階目
まで終わった
ぞ
A作業
B作業
Cまとめ
Dはチェック
締め切り
締め切り
締め切り
締め切り
ゴール
段階的な締め切りを
用意してリズム
よく進める

デッドラインに足をすくわれることが多いタイプは、**まず、最終ゴールの締め切りの手前に、自分でいくつかの段階的な締め切りを設定する習慣をつける**ようにしたい。

大きなデッドラインではなく、仕事をきりのいい「かたまり」に分割して、一つ一つに、締め切りをつくる。これでゴールにたどり着くことが現実的に見えてくる。

そもそも、「ぎりぎりまで時間をかければそれだけいい仕事ができる」と考えるのも思い込みにすぎない。

小さな締め切りを乗り越えていけば、大きなゴールをプレッシャーに感じることなくクリアできるのである。

相手を怒らせてしまったとき、上手な謝り方の2大原則とは？

仕事に失敗はつきものだ。単純なミスから取り返しのつかない大失敗まで、さまざまな失敗が起こりうるのがビジネスの日常である。

小さなミスにせよ大きな失敗にせよ、犯してしまったら謝らなくてはいけない。これはビジネスのルールである。相手の怒りをしずめなければ、未来はないからだ。

自分に責任がある場合だけでなく、ときには自分に非がない場合や、自分の同僚やチーム、会社が犯した失敗を謝らなくてはいけない場合もある。そんなときこそ、その人がどう謝るかを周囲は注目している。

マイナスの状況でいかにその失敗をフォローして事態を挽回させるか。上手に謝ることができる人間はかえって評価が上がることを肝に銘じたい。

相手との関係を次につなげていく上手な謝り方には2つの大きな原則がある。

上手に謝れる人になる

1つ目の原則、それはスピードだ。相手の怒りは、時間が経てば経つほど悪化する。すぐに直接出向いて「申し訳ありません」と謝ることが先決だ。

2つ目の原則、それは言い訳をしないこと。仮に自分の落ち度ではなくても、誰かがスケープゴートになることで事態がそれ以上悪化しなくなることも多いのだ。

相手側にも事情がある。誰かが責任を負わなければならない状況もあれば、立場上怒って見せなければならない状況もある。相手の「メンツを立てる」ことも大事な意味がある。このようなマイナスをプラスに転化できる人こそ問題解決力がある人だ。

クレームは問題解決のチャンス。前向きにとらえて対処しよう

ミスや失敗がもとで、謝罪だけではなく、具体的な対処を求められるときの対応も大切だ。商品やサービスに顧客やビジネス相手からクレームが来た場合である。

まず誠意を込めて謝ることが先決だ。そして、相手のクレームの内容をよく聞く。問題の原因がどこにあるのかを突き止めるために、相手の話に徹底して耳を傾ける。

商品へのクレームなら、商品自体への不満なのか、販売における担当者の対応への不満なのか、会社に対する不満なのか、など、**顧客の不満がどのような種類のものなのかを正確に知る必要がある**。

クレームの内容がわかって問題の原因がある程度つかめたら、どんな対処が適切と考えられるかを決めて対応する。その商品の小さな不備が原因なので、「お取り替え」で済む場合もあれば、その商品や販売方法に問題があるので、時間をかけた「改善」が必要という場合

クレームはチャンスである

クレームにより問題が浮かび上がる
申し訳ありません
しっかり受けとめよう
クレーム
問題点
クレームの中身を見きわめる
商品取り替えで済むのか
根本的な問題か
クレーム

もあるだろう。

クレームが来たことは、現状のどこかに問題があり、それが顧客に指摘されたということである。その問題を解決してはじめて、商品やサービスは顧客に売れるようになる。クレームとは売る側の問題解決をすり抜けて「顕在化」した問題である。

クレームという顧客からの「問題発見」は、そんな観点から見れば願ってもないチャンスかもしれない。

その商品を改めて根本から見直し、改善し、「問題解決」できる機会であると前向きにとらえるべきなのだ。新たなニーズが見つかるのもそんなときだ。

「時間がない」という問題は段取り力と選択と集中で解決する

いつも「時間がない」と言いながら、仕事に追いまくられている人がいる。そんな忙しい人は、1日の仕事時間が8時間では足りないと思っている。しかし時間というものは、仕事の仕方の改善によってつくり出すことができるのだ。

時間が足りないといつも感じている人には、自分の時間を管理する「段取り力」と「選択と集中」が必要だ。**「段取り力」は、193ページで紹介した「小さなゴール」を1日にいくつか設定する方法で身についてくる。**

そして、「選択と集中」は時間の使い方のムダを省き、効率をたかめるノウハウだ。人間の脳にはその働き方によって「ならし運転」をしている時間帯と活性化する時間帯がある。

出社してすぐの時間帯はまだ脳が活性化していないので、メールへの対応などルーティン的な仕事で頭をならし運転する。その後、昼までの約3時間は、脳が最も活性化するいわば

「時間がない」は本当か?

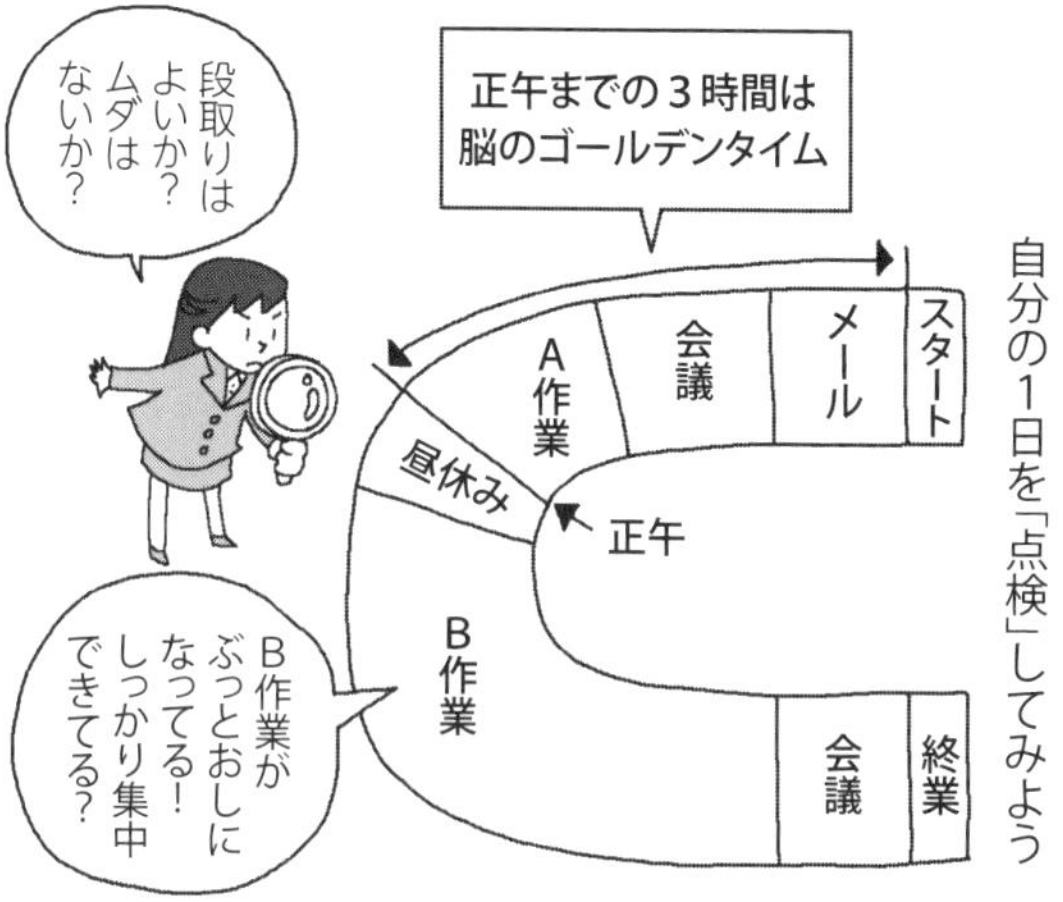

自分の1日を「点検」してみよう
正午までの3時間は脳のゴールデンタイム
スタート
メール
会議
A作業
昼休み
正午
B作業
会議
終業
段取りはよいか? ムダはないか?
B作業がぶっとおしになってる! しっかり集中できてる?

「脳のゴールデンタイム」なので、企画書やプレゼン資料づくりなどパワーを必要とする仕事にあてる。

人間の集中力は長続きしない。「忙しい。時間がない」といつも口に出している人ほど、「ぼやいている時間」や「手を休めている時間」を頻繁に取っているはずなのだ。

それが5分でも、10回あれば50分になる。何かひとつ用件をかたづけるには十分な時間である。

自分が1日の時間をどのように使っているか書き出してみて、ムダな時間を見つけ、それを有効活用すること、それも「時間がない」問題の解決への道だ。

ファシリテーターが会議の知的生産力をアップさせる

会議をやったのに結論が出ない。だらだらと会議が長引いて疲れてしまう。同じテーマで何回も会議を開く。こんな会議への疑問を抱いたことがあるだろう。

問題解決をスピーディーに進めるためには、問題意識を持った人間がひとつの場に集まって検討し合い、その場で結論を出していく会議が有効である。

会議がうまく進まない原因は「司会」の存在にある場合が多い。会社の会議などでは、参加者の中でいちばん上の立場の人や、その仕事の責任者があたることが多いだろう。会議の進行役をしながら、自分も上の立場から意見を言う人が多いはずだ。


　これでは参加者から多様な意見が出にくくなってしまう。最近では、それぞれがフラットな立場で意見を出す会議も提唱されているが、今度は意見がたくさん出すぎて、最後までまとまらないという結果になりがちだ。

司会が会議を活性化させる

上司が仕切ると会議は沈滞化する
私の意見は……
いや、それは違うと思うよ
上司
司会
話が広がらない
司会は意見を引き出しまとめる役に徹する
なるほど
私が思うには
うん
うん
自分の意見は控える「ファシリテーター」

そこで重要度を増しているのが「ファシリテーター」という存在だ。**司会的な立場だが、自分の意見を出さずに参加者の意見を引き出し、それをまとめ、さらに新たな意見を求めて会議の進行をコントロールしていく。**

ファシリテーターのテクニックは、本書で紹介してきた説明や問題解決の技術を、多人数を相手に行うことといってもいい。

意見を「拡散」させて問題発見を促し、そのあと「収束」させて、結論に導く。訓練を積んだプロのファシリテーターを派遣するビジネスも増えているが、本書を読んだ読者なら実践できるはずだ。

問題解決は終わりのない旅。就寝前には**気持ちをリセット**

問題解決力についてここまで読んできた読者ならもう理解できただろう。自分が今どんな問題に直面しているかを自覚して、それを掘り下げることこそが向上のカギなのである。

しかし、ひとつの問題が解決できても、必ず次の問題がどこからか出現する。それは、より難しい問題で、今度はそう簡単に解決策が見つからないかもしれない。

問題解決は終わりのない旅のようなものだ。**大事なことは問題を発見し、自分の頭で考え解決していくことで、少しずつでもその人間が進歩できることだ。**

たえず問題を見つけて、それが何なのかを問いかけていくこと、実はそこに人間が進化していくカギがある。

「説明」の達人、池上彰さんの名フレーズは「**いい質問ですね**」であり、「ハーバード白熱教室」のマイケル・サンデル教授はこう言う。「**いい質問だね。名前は?**」

常にフレッシュであれ

あの問題の本質は
いかなるときも問題を見つめその本質を見きわめる
どうすれば
やはりあの部分に原因がある……
1日の終わりにはリセット
その日考えたことを書き出し気持ちをリセットする

2人のフレーズは、たえず問題を考え続けることの大切さを語りかけているが、「24時間考え続けろ」というわけではない。

あるものを継続させるためには、常に**フレッシュな精神**が必要だ。1日の仕事が終わって眠りにつく前に、その日に考えたこと、できたこと、できなかったことを書き出して確認したら、いったんリセットする気持ちも必要だ。

次の日は新たな気持ちで問題解決に立ち向かえる。

アップルの故スティーブ・ジョブズもこう言っていた。「我々にとっていつも大事なものは、次の夢だ」

第10章

力試しテスト

企業が他社との競争において優位に立つには、3つの競争戦略があります。

①コスト・リーダーシップ戦略
②差別化戦略

もうひとつの戦略は何でしょうか？

答え

フォーカス戦略。コスト・リーダーシップ戦略は、大量生産や徹底した合理化で業界の主導権を握る戦略で、差別化戦略は高品質や高価格などその企業の際立った特徴を消費者にアピールして地位を獲得する戦略。フォーカス戦略は特定の顧客や製品にターゲットを絞って独自のマーケットをつくりだしていく戦略である。

参考文献

『頭のいい説明「すぐできる」コツ』(鶴野充茂・著　三笠書房)
『あたりまえだけどなかなかできない説明のルール』(鶴野充茂・著　明日香出版社)
『わかりやすく〈伝える〉技術』(池上彰・著　講談社)
『学校で教えてくれない「分かりやすい説明」のルール』(木暮太一・著　光文社)
『「できる人」の対人術』(ケビン・ホーガン・著　PHP研究所)
『「できる人」の話し方』(ケビン・ホーガン・著　PHP研究所)
『「分かりやすい話し方」の技術』(吉田たかよし・著　講談社)
『図解　大人の「説明力!」』(開米瑞浩・著　青春出版社)
『伝える力』(池上彰・著　PHP研究所)
『わかりやすく説明・説得する技術』(小野一之・著　PHP研究所)
『「分かりやすい説明」の技術』(藤沢晃治・著　講談社)
『世界一やさしい問題解決の授業』(渡辺健介・著　ダイヤモンド社)
『問題解決力を鍛えるトレーニングブック』(奈良井安・著　かんき出版)
『問題解決の思考技術』(飯久保廣嗣・著　日本経済新聞社)
『実戦!　問題解決法』(大前研一・斎藤顕一・著　小学館)
『ビジネスマンのための「解決力」養成講座』(小宮一慶・著　ディスカヴァー・トゥエンティワン)
『論理的な考え方が身につく本』(西村克己・著　PHP研究所)
『問題解決プロフェッショナル「思考と技術」』(齋藤嘉則・著　ダイヤモンド社)
『思わず人に教えたくなる!「問題解決」のネタ帳』(岩波貴士・著　青春出版社)
『問題解決手法の知識』(高橋誠・著　日本経済新聞社)
『問題解決力1分間トレーニング』(西村克己・著　ソフトバンククリエイティブ)
『サラリーマン「再起動」マニュアル』(大前研一・著　小学館)
『小宮一慶の実践!　ビジネス思考力』(小宮一慶・著　インデックス・コミュニケーションズ)
『ビジネスマンのための「発見力」養成講座』(小宮一慶・著　ディスカヴァー・トゥエンティワン)
『問題解決力をつける』(小林裕・著　日本経済新聞社)
『デッドライン仕事術』(吉越浩一郎・著　祥伝社)
『とにかくすぐやる人の考え方・仕事のやり方』(豊田圭一・著　クロスメディアパブリッシング)
『「すぐやる人」になれる本』(吉田たかよし・著　成美堂出版)

●著者略歴
知的習慣探求舎（ちてきしゅうかんたんきゅうしゃ）
タイムマネジメントや情報整理法をはじめとする、日常的な仕事のメソッドやテクニック、Tipsを検証し、わかりやすく再構成して提供することをモットーとして結成された集団。ビジネススキル向上のための最新のノウハウに関するコンシェルジェを目指して活躍している。著書に『仕事が速くなる力と整理する力が､1冊でビシッと身につく本』(PHP研究所)がある。

**わかりやすく説明する力と問題解決力が、
1冊でビシッと身につく本**

2012年9月26日　第1版第1刷発行
2013年6月7日　第1版第7刷発行

著　者／知的習慣探求舎
発行者／小林成彦
発行所／株式会社PHP研究所
東京本部　〒102-8331　千代田区一番町21
　書籍第二部　☎03-3239-6227（編集）
　普及一部　☎03-3239-6233（販売）
京都本部　〒601-8411　京都市南区西九条北ノ内町11
PHP INTERFACE　http://www.php.co.jp/
印刷・製本所／凸版印刷株式会社

ISBN978-4-569-80716-4

PHPの本

仕事が速くなる力と整理する力が、1冊でビシッと身につく本

知的習慣探究舎 著

できる人に共通するのは、「仕事が速い」と「整理もうまい」。この2つのノウハウを、おしみなく1冊の本に集約させた超効率的な本！

定価一、〇〇〇円
（本体九五二円）
税五％